中国史话

近代政治史系列

买办史话

A Brief History of the Compradors in China

潘君祥　顾柏荣／著

社会科学文献出版社
SOCIAL SCIENCES ACADEMIC PRESS (CHINA)

图书在版编目（CIP）数据

买办史话/潘君祥，顾柏荣著．—北京：社会科学文献出版社，2011.10
（中国史话）
ISBN 978-7-5097-2454-5

Ⅰ．买… Ⅱ．①潘… ②顾… Ⅲ．①买办资产阶级-经济史-中国-近代 Ⅳ．①F129.5

中国版本图书馆 CIP 数据核字（2011）第 111443 号

“十二五”国家重点出版规划项目

中国史话·近代政治史系列

买办史话

著　　者／潘君祥　顾柏荣

出 版 人／谢寿光
出 版 者／社会科学文献出版社
地　　址／北京市西城区北三环中路甲29号院3号楼华龙大厦
邮政编码／100029

责任部门／人文科学图书事业部（010）59367215
电子信箱／renwen@ssap.cn
责任编辑／黄　丹
责任校对／谢　敏
责任印制／岳　阳
总 经 销／社会科学文献出版社发行部
（010）59367081　59367089
读者服务／读者服务中心（010）59367028

印　　装／北京画中画印刷有限公司
开　　本／889mm×1194mm　1/32　印张／6
版　　次／2011年10月第1版　字数／117千字
印　　次／2011年10月第1次印刷
书　　号／ISBN 978-7-5097-2454-5
定　　价／15.00元

总 序

中国是一个有着悠久文化历史的古老国度，从传说中的三皇五帝到中华人民共和国的建立，生活在这片土地上的人们从来都没有停止过探寻、创造的脚步。长沙马王堆出土的轻若烟雾、薄如蝉翼的素纱衣向世人昭示着古人在丝绸纺织、制作方面所达到的高度；敦煌莫高窟近五百个洞窟中的两千多尊彩塑雕像和大量的彩绘壁画又向世人显示了古人在雕塑和绘画方面所取得的成绩；还有青铜器、唐三彩、园林建筑、宫殿建筑，以及书法、诗歌、茶道、中医等物质与非物质文化遗产，它们无不向世人展示了中华五千年文化的灿烂与辉煌，展示了中国这一古老国度的魅力与绚烂。这是一份宝贵的遗产，值得我们每一位炎黄子孙珍视。

历史不会永远眷顾任何一个民族或一个国家，当世界进入近代之时，曾经一千多年雄踞世界发展高峰的古老中国，从巅峰跌落。1840 年鸦片战争的炮声打破了清帝国“天朝上国”的迷梦，从此中国沦为被列强宰割的羔羊。一个个不平等条约的签订，不仅使中国大量的白银外流，更使中国的领土一步步被列强侵占，国库亏空，民不聊生。东方古国曾经拥有的辉煌，也随着西方列强坚船利炮的轰击而烟消云散，中国一步步堕入了半殖民地的深渊。不甘屈服的中国人民也由此开始了救国救民、富国图强的抗争之路。从洋务运动到维新变法，从太平天国到辛亥革命，从五四运动到中国共产党领导的新民主主义革命，中国人民屡败屡战，终于认识到了“只有社会主义才能救中国，只有社会主义才能发展中国”这一道理。中国共产党领导中国人民推倒三座大山，建立了新中国，从此饱受屈辱与蹂躏的中国人民站起来了。古老的中国焕发出新的生机与活力，摆脱了任人宰割与欺侮的历史，屹立于世界民族之林。每一位中华儿女应当了解中华民族数千年的文明史，也应当牢记鸦片战争以来一百多年民族屈辱的历史。

当我们步入全球化大潮的21世纪，信息技术革命迅猛发展，地区之间的交流壁垒被互联网之类的新兴交流工具所打破，世界的多元性展示在世人面前。世界上任何一个区域都不可避免地存在着两种以上文化的交汇与碰撞，但不可否认的是，近些年来，随着市场经济的大潮，西方文化扑面而来，有些人唯西方为时尚，把民族的传统丢在一边。大批年轻人甚至比西方人还热衷于圣诞节、情人节与洋快餐，对我国各民族的重大节日以及中国历史的基本知识却茫然无知，这是中华民族实现复兴大业中的重大忧患。

中国之所以为中国，中华民族之所以历数千年而不分离，根基就在于五千年来一脉相传的中华文明。如果丢弃了千百年来一脉相承的文化，任凭外来文化随意浸染，很难设想13亿中国人到哪里去寻找民族向心力和凝聚力。在推进社会主义现代化、实现民族复兴的伟大事业中，大力弘扬优秀的中华民族文化和民族精神，弘扬中华文化的爱国主义传统和民族自尊意识，在建设中国特色社会主义的进程中，构建具有中国特色的文化价值体系，光大中华民族的优秀传统文化是一件任重而道远的事业。

当前，我国进入了经济体制深刻变革、社会结构深刻变动、利益格局深刻调整、思想观念深刻变化的新的历史时期。面对新的历史任务和来自各方的新挑战，全党和全国人民都需要学习和把握社会主义核心价值体系，进一步形成全社会共同的理想信念和道德规范，打牢全党全国各族人民团结奋斗的思想道德基础，形成全民族奋发向上的精神力量，这是我们建设社会主义和谐社会的思想保证。中国社会科学院作为国家社会科学研究的机构，有责任为此作出贡献。我们在编写出版《中华文明史话》与《百年中国史话》的基础上，组织院内外各研究领域的专家，融合近年来的最新研究，编辑出版大型历史知识系列丛书——《中国史话》，其目的就在于为广大人民群众尤其是青少年提供一套较为完整、准确地介绍中国历史和传统文化的普及类系列丛书，从而使生活在信息时代的人们尤其是青少年能够了解自己祖先的历史，在东西南北文化的交流中由知己到知彼，善于取人之长补己之短，在中国与世界各国愈来愈深的文化交融中，保持自己的本色与特色，将中华民族自强不息、厚德载物的精神永远发扬下去。

《中国史话》系列丛书首批计200种，每种10万字左右，主要从政治、经济、文化、军事、哲学、艺术、科技、饮食、服饰、交通、建筑等各个方面介绍了从古至今数千年来中华文明发展和变迁的历史。这些历史不仅展现了中华五千年文化的辉煌，展现了先民的智慧与创造精神，而且展现了中国人民的不屈与抗争精神。我们衷心地希望这套普及历史知识的丛书对广大人民群众进一步了解中华民族的优秀文化传统，增强民族自尊心和自豪感发挥应有的作用，鼓舞广大人民群众特别是新一代的劳动者和建设者在建设中国特色社会主义的道路上不断阔步前进，为我们祖国美好的未来贡献更大的力量。

陈奎元

2011年4月

⊙潘君祥

作者小传

潘君祥，1943 年 9 月出生，浙江嘉兴人。曾任上海社会科学院经济所研究员、经济史研究室主任；上海市历史博物馆研究馆员、馆长。主要研究方向：中国近代经济史、城市史等。编写或主编的获奖著作有《近代上海城市研究》《上海通史·民国经济卷》《东南沿海城市与中国的现代化》《近代中国国情透视》等。主编有《近代中国国货运动研究》《中国近代国货运动》《20世纪初的中国印象》《中国的租界》《海上风情》《上海700 年》《老上海代价币代价券》《话说沪商》等。

⊙顾柏荣

作者小传

顾柏荣，1953年生，上海宝山人，大学学历，上海市历史博物馆副研究馆员，上海文物博物馆学会会员。

从事博物馆学及近代上海经济史研究。发表《略论物品、资料与文物的关系》《郑观应与上海机器织布局》等论著，是《上海大辞典》等辞书的撰稿人之一。参与编写的《上海通史》和《上海犹太人》分获上海市哲学社会科学优秀成果奖一等奖和三等奖。

目录

一 近代买办的产生 …………………………… 1

1. 买办名称的由来 …………………………… 1
2. “公行”时期的买办 ………………………… 4
3. 近代买办的产生 …………………………… 9
4. “别立一业”的买办队伍 …………………… 14
5. 形形色色的买办及其职能 ………………… 17

二 早期买办势力的发展 ……………………… 22

1. 外国资本主义对华经济侵略的加强 ……… 22
2. 早期买办的活动领域 ……………………… 26
3. 买办队伍的扩大 …………………………… 29
4. 中国“最富有的社会阶层”——买办的收入 ……………………………………… 33

三 买办活动领域的扩展 ……………………… 37

1. 以买办为中介的洋货推销网 ……………… 37
2. 买办的“内地采购”——土货收购网 ……… 41
3. 买办在外资企业中的附股活动 …………… 45

4. 买办参与经营的民族资本企业 ……………… 50
5. 买办在社会、政治领域里的活动 ……………… 55

四　买办制度种种 …………………………………… 58
1. “内地购销” …………………………………… 58
2. “买办合同” …………………………………… 59
3. 买办的办事机构“买办间” ……………… 65

五　甲午战争后买办势力的增长 ………………… 68
1. 外国资本主义对华经济侵略的加深 ……… 68
2. 买办队伍的再扩大和新买办的来源 ……… 73
3. 甲午战争后买办的收入和富有 ………… 79
4. 买办的消费和买办投资 ………………… 84

六　买办制度的演变、变革形式及衰亡 ……… 89
1. 买办制度的演变 ………………………… 89
2. 高级职员制——买办制度变革
形式之一 ………………………………………… 95
3. 经销制——买办制度变革形式之二 ……… 98
4. 代购制——买办制度变革形式之三 ……… 106
5. 合伙制——买办制度变革形式之四 ……… 108
6. 买办制度的衰落和消亡 ………………… 111

七　买办与外资企业的关系 ……………………… 114
1. 洋行对买办的依赖 ……………………… 114
2. 买办给洋行带来的其他利益 …………… 118
3. 洋行、买办的相互利用及矛盾 ………… 120

八　买办与其他社会阶层的关系 …………………… 127
1. 买办与封建官僚、军阀的关系 ………………… 127
2. 买办与国民政府官僚的关系 …………………… 131
3. 买办与民族资产阶级的关系 …………………… 135

九　买办的政治、社会、企业管理活动及
文化思想观 ……………………………………… 140
1. 买办的政治活动 ………………………………… 140
2. 买办的社会生活和社会活动 …………………… 145
3. 买办参与的企业管理活动 ……………………… 152
4. 买办的文化思想观 ……………………………… 159

参考书目 ………………………………………………… 165

一　近代买办的产生

1　买办名称的由来

“买办”一词，在明代是专指为宫廷供应用品的商人。《明史》卷八十二《食货六》就记有“光禄寺委用小人买办，假公济私，民利尽为所夺”的话，后来凡为官府采办物品的都可统称为买办。在清代，连官宦人家的采购人员都可以称买办，所以曹雪芹的《红楼梦》里也记有买办的名称。

为西方商人服务的买办，大概起源于明代中期西方殖民势力东来，并在中国东南沿海从事商业活动以后。16 世纪初，葡萄牙商人通过贿赂手段窃据了澳门，开始独占中国的沿海贸易，并大肆骚扰东南沿海一带。由于这些活动受到中国人民的鄙视，连当时较有体面的华商都不肯与之交往。但外国商人既在中国沿海一带活动，其日用所需之粮食等不得不取给于中国，于是他们“雇华人为之居间，以洋货携赴内地，易粮食而回”。对这些“居间”的华人，当时葡萄牙人称之为 Comprar（意即“采办”）。那些在广州商馆中担任包办驳运、伙食、经营银钱出纳和杂务的办事人员被称为Comprador，就是从葡语“采办”一词转化来的。英语把买办称作Compradore，也是从Comprar转化而来的。当时人就用买办一词的音译“康白度”来称呼买办，或把这种为外国服务的采办人员或管事称作“买办”，这就是中外贸易中“买办”一词的来历。

18世纪中叶以后，西方殖民者的对华贸易有了扩展。乾隆二十二年（1757），清政府规定广州为唯一对外贸易的口岸。这样，英、美、德、法、荷兰、瑞典、丹麦、西班牙和意大利等国的商人都集中于广州，以租赁公行（即十三行）行商提供的房屋作为商馆，开展中西贸易。至鸦片战争前夕，外商在广州的商馆已多达50多家，寓居广州的外国人也达300多人。清政府通过“公行”实施对中外贸易的管理，并作为沟通官府和外商的中介机构。

外商在广州开设的商馆需要华人买办为他们提供服务。这些买办一般都要由公行作担保。由买办来帮助外国商人管理商馆的账目，并负责服侍商馆的“大班”们。买办可以有自己的私人账房，并负责雇佣商馆中的仆役、厨师、苦力等。除了负责商馆的内部事务外，有时连商馆的外部业务，往往也由买办统管。所以，当时的商馆买办不仅是外商的总管、账房和银库保管员，而且是外商的贴身秘书；不仅照管外商的生意，也照管外商的私事。买办只有数量很少的薪俸，其主要收入依靠相当于后来佣金的规费，规费不仅名目繁多，而且数目相当可观。例如，商馆的现银都需要由买办经手交看银师检验，每千元买办可获得二角的手续费。又如所有商馆的支出，凡在千元以下的每元都要收底子钱五文。还有，凡外国商人与中国商人发生的每宗买卖在收付款时，买办都要从受款人那里得到一份好处费。此外商馆采购的各种生活用品，也都要让买办抽成。这些都是商馆买办的规费来源。

还有一种买办叫商船买办，也叫船上买办。当时外国商船来华，必须先在澳门靠岸，船主在此聘用引水员、买办和通事，然后再开往广州。通事为船主向粤海关办理纳税和进口手续，买办则负责供应船上人员的伙食，代雇码头搬夫，代购日常必需品。这种船上买办一般由船主临时雇用，付给买办费。

当时买办的主要职能还是为外商经管财务，负责货物起卸和照应生活等事务，他们与商业贸易也有关系，但不居主要地位。买办在为外商服务的过程中，雇用了一定数量的办事人员，有自己的账房。但那时的买办，都需要由广州的官府特许给照，并接受官府的监督，如果没有从官府领照并取得行商担保，外国商馆不得雇用。所以，在鸦片战争以前，买办是一批在官府控制下的有本国国籍的居民，完全受本国法律的制约。

但是，由于买办和外商经常相处，特别是在经济业务上同外商关系密切，所以他们在很多场合往往同外商勾结在一起，狼狈为奸，从而变成外商的忠实奴才。他们不仅和外国不法商人一起贩运违禁物品，走私鸦片，甚至为外国侵略者提供军事情报和给养，出卖祖国的利益。所以，不少买办当时就为很多中国人所不齿，其名声都不好。

2 “公行”时期的买办

如上所说，在鸦片战争之前，在对外贸易实行“公行”制度之下，外国商馆和商船就已经普遍地使用买办了。不过，这时的买办不是由外国商人自行选雇的，而必须是由官府选充。1809 年两广总督百龄等就认为，买办要由澳门地方长官就近“选择土著殷实之人”，取得族长等人的确切担保，“始准承充，给与腰牌硬照”，并由地方官吏就近稽查。凡无执照和无担保者，外商不能雇用。

上述做法由来已久。据说在乾隆时期，清政府就把保甲制度的一套办法推广到对外贸易的行商管理上来，规定公行与公行之间互相连保，一行倒闭，其他各行行商要分担清偿的责任。行商又保“夷商”，凡夷商滋事或有拖欠税款一律由行商负连带责任，“保商制度”由此形成。至鸦片战争前夕，在对外贸易中已形成了一套以监督外商为主要任务的保证系统，这个系统规定，“夷商”只能同行商打交道，交易完毕，“夷商”必须离开广州，不得在广州越冬。驻留广州期间，不准携带“番妇”，不准坐轿，不准私自雇用中国仆人等。与此同时由行商保雇通事，通事保雇买办，买办保雇小工的“层递钳制”的保证制度亦适时产生。

这时买办的主要职能是充当商馆或商船的管事和司账，承办伙食和采购日常生活用品，代雇和管理仆役、厨师、守门及挑夫。这些人连同买办，都还不能公开地为洋商进行进出口货物的买卖。因为清王朝有明文规定，凡“沟通内外商贩，私买夷货，并代夷人偷售违禁货物”，“查出照例重治其罪”。

在“公行”制度时期，真正称得上买办的应该是那些行商，即公行的商人。中国近代买办最早的一个来源就是封建的官商。广州的十三行中的官商家族就是这种封建的行商家族。

以广东著名行商伍怡和家族为例，早在1777年，该家族的始祖——第一代“浩官”伍国莹就开始为东印度公司作丝茶的买卖，由于在1783年的买卖中伍氏受到公司大班在生意上的格外“照顾”，怡和行的业务因此有了发展。1786年，伍国莹在广东20家行商中居第六位，至第二代“浩官”伍秉钧时代，怡和行的经营额更是逐年增长，1794年上升到第四位，1800年又跃居第三位，并成为东印度公司重要的债权人。1801年，伍秉钧去世，其三弟伍秉鉴负责行务。此后，伍氏家族的财富积累更快，1813年怡和行已位居广东各行之首，伍秉鉴亦成为首席行商。在以后的几十年中，伍秉鉴一直是行商的领袖。1826年，伍秉鉴将怡和的行务交给四子伍受昌掌管，并让其继承首席行商的地位。1833年伍受昌去世，职位由其五弟伍绍荣继承。出身于商行世家的伍秉鉴父子，在鸦片等贸易中深得外国商人的信赖，成为当时来华外国商人眼中的宠儿。

伍怡和家族在当时的中外贸易中善于运用自身的实力来驾驭其他行商，又从官府那里获得垄断贸易的特权。他们为外商代办全部出入口货税，为外商传递与官府之间的往来文件，代表官府管理监督来广州的外国商民，协助处理官府与“夷商”之间的冲突案件。他们还以捐输和报效等形式将一部分收入贡献给朝廷皇家和官员。据1801～1843年间伍氏家族捐输等项统计，仅已知的12笔捐输、报效和贿赂的总额就达160多万两白银。

伍怡和家族对外商则更是百般依赖，紧密勾结。在鸦片贸易中，伍氏家族同英商查顿·孖地臣行的关系最为密切，以致后来的孖地臣行的中文行名就称“怡和洋行”。此外，伍氏家族同美国的普金斯洋行和旗昌洋行的关系亦甚密切。

行商又是西方商人在华进行罪恶的鸦片贸易的庇护人和合伙者。早在1818年，伍怡和家族就因美国鸦片船华巴士号私运违禁品而被罚款16万两白银。在道光元年（1821）清廷严申鸦片禁令后，伍怡和家族还帮助外商将鸦片交易地点从广州内河转移到伶仃洋和香港洋面，交易也由货物兑换变成现银交易。

1838年12月，林则徐被任命为钦差大臣，赴广州查办鸦片走私。次年1月，浩官就拜访了义律，报告了林则徐即将到来的消息，并建议义律“采取必要的措施”。1839年3月，林则徐到达广州后即召见了伍绍荣等行商，在其发布的《谕行商责令夷人呈交烟土稿》中，林则徐痛斥了行商滥保夹带鸦片的外国船只的行为，并指出“本大臣奉命来粤，首办汉奸，该商等未必非其人也”，矛头触及了伍绍荣家族的不法行径，并令伍绍荣等到商馆传谕外国鸦片贩子，限三天内缴烟具结。为了应付林则徐的禁烟措施，伍秉鉴急切地劝外国烟贩缴出一小部分鸦片以图蒙混过关，他甚至亲自跑到旗昌洋行的大股东格林处，请求格林答应在上缴的鸦片烟数之外再加缴 150 箱，并允诺由他来偿付洋商“损失”的 10.5 万元。与此同时，以伍怡和家族为首的行商又在商馆中与全体外国鸦片贩子共谋对付林则徐缴烟禁令的计策。这些行商向鸦片贩子建议交出 1000 箱鸦片来搪塞过关，并对他们说，保证“你们将不受损失，我们以后给予赔偿”。在林则徐强大的禁烟攻势下，鸦片贩子们被迫接受了这一建议。三天以后，浩官等行商带着 1037 箱鸦片去见林则徐，企图以求一逞。然而，林则徐并没有让他们的图谋得逞。

鉴于这些汉奸行商勾结鸦片贩子的无耻行径，林则徐将伍绍荣等革职去衔，逮捕入狱，并摘去伍秉鉴顶戴，戴上锁链，勒令他去宝顺洋馆催促英国鸦片贩子颠地进城。义律到达广州后，林则徐严令鸦片贩子交出全部鸦片，并限三日内取结禀复。当义律等企图逃跑时，林则徐又果断地封锁了商馆。但是，这些汉奸行商却千方百计地设法接济外国鸦片贩子，帮助他们预先购买了糖、食油、水和其他物品，并且还暗地里送去了煮鸡、火腿、面包和饼干。

经过几次针锋相对的斗争，大鸦片贩子义律终于被迫交出鸦片共 20283 箱（成本价值约 600 万元）。缴烟以后，林则徐又让行商参与与鸦片贩子办理具结手续，勒令外商出具“如有夹带鸦片，一经查出，货尽没官，人即正法”的甘结。但英美鸦片贩子为预留后路，都拒绝“人即正法”的结语，伍怡和家族又同鸦片贩子串通作弊，篡改甘结的关键内容。

鸦片战争以清王朝签订丧权辱国的《南京条约》而告终。清廷鉴于朝廷财政困难，便勒令旧行商偿还条约规定的商欠300万元，当时伍怡和家族承担了其中的100万元，足见该家族之富有。

鸦片战争以后，西方侵略势力通过一系列不平等条约，获得了大量经济特权。随着通商口岸的不断开辟，外国洋行的势力迅速扩展到各开放口岸，并向内地渗透。这样，在鸦片战争以前就在中外贸易中起重要作用的行商、通事、买办等就成为早期买办势力的基干力量，有的随外国洋行势力的扩张而来到各开放口岸，有的仍坐镇广州。以伍绍荣为代表的买办家族在鸦片战争以后继续留在广州，凭借昔日旧行商的重要地位继续发展同西方商人的关系。开埠初期，广州的茶叶贸易在全国仍占重要的地位，以伍怡和家族为代表的旧行商仍旧垄断着大部分茶叶的出口业务。伍家还以自己富有的资财投资于那时还缺乏资金的外商企业，成为早期在外商企业中附股的大股东。据说在美商旗昌洋行早期50万元资本总额中，伍氏家族一家就占了30万元。除了经济上的经营外，伍氏家族在政治上也大肆活动，放手参与，成为粤督耆英办理“夷务”的得力助手。当广东人民反对英商在广州河南、石围塘及新豆栏街口等地租地的斗争兴起时，伍氏家族却私自将新豆栏地方的铺屋授予英人，并企图将河南的栈房私下出租，充当了人民斗争的内奸。在广州人民反对英国殖民者进城的斗争中，伍氏家族又周旋于官府和英人之间，并得以加官晋爵。在太平天国农民起义中，伍氏家族则完全站在官府的一边，起劲地筹饷助剿，成为“有劝捐以来，最为得力者”。伍氏家族甚至为了在捐输中免掏腰包，加强自己在官府与外国侵略者之间的地位，想出了以借代捐的办法，干起了经办外债的勾当。咸丰四年（1854）时，由其出面向洋人共借银 26 万两，1858 年 10 月，伍氏家族又向旗昌洋行借银 32 万两，以粤海关印票作抵押。这样，伍氏家族就完全成为中外反动势力互相勾结的中介。

3 近代买办的产生

鸦片战争以后，中国开始沦为半殖民地半封建的国家，买办即凭借不平等条约的种种规定，摆脱原官府和法令的管辖，开始了向近代意义买办的转化。

1842 年签订的《南京条约》规定：“凡系中国人前在英人所据之邑居住者，与英人有往来者，或者跟随及伺候英国官人者”，均获得皇帝的恩准免罪。即在鸦片战争前和战争中，凡为英国侵略者服务的华人甚至充当了汉奸的，清政府都不予治罪。这样，鸦片战争前后那一批卖国的汉奸买办第一次获得了外国资本主义列强的特权庇护。1844 年，中美签订的《中美五口贸易章程》更进一步对列强庇护买办的特权作了明确的规定：美国“贸易船只，其雇觅跟随、买办及延请通事、书手……均属事所必需，例所不禁，各听其便。所有工价若干，由该商民等自行定议，或请各领事官酌情办理；中国地方官勿庸经理”。据此，外国商人不但可以在中国自由地雇用买办等，还可以由列强的领事来干预其事，而中国地方官府则反而不能再加以过问了。从此以后，雇用买办开始形成了这样一套制度：买办的雇用一般要在外国领事馆备案，有的买办合同甚至要经外国领事签字。这样一来，买办便成了在外国领事保护下的特殊华人。

鸦片战争以后，外国经济势力迅速向条约口岸城市发展，买办作为中外贸易的中介者亦随之在各地发展起来。

鸦片战争以后，买办中首先开始闯荡于全国各地特别是沿海一带者，多数来自广东，像著名的买办鲍鹏，原在广州夷馆时充当买办，专事鸦片贩卖，是林则徐在广东严厉禁烟时就受到通缉的外国鸦片烟贩的一个帮手。由于他在大鸦片贩子颠地的商馆中任买办多年，对“夷人之有体面者，无不熟识”。鸦片战争中，他流窜至山东。那时正值英国侵华军舰游弋在山东沿海洋面，他立即被山东巡抚托浑布从潍县招去，成为托浑布与英军勾结的牵线人。1841 年琦善被任命为钦差大臣前往广东，同样也找上了鲍鹏。从此鲍鹏就成了当时英国侵略军与琦善之间前前后后进行接洽的联络媒介，琦善和英国侵略军签订的《穿鼻草约》

就是在鲍鹏的牵线搭桥中完成的。当年被林则徐痛斥为汉奸买办的正是鲍鹏这一类人。

上海最早的一批洋行大都是从广州迁移来的，或是广州洋行的分支机构，因此，上海最早的一批买办几乎都是各家洋行在广东雇用的。鸦片战争以后，最早随同外国商人到上海贩运鸦片的就是一个熟悉英语、深受外商信任的潮州籍郭姓买办。旗昌洋行初到上海设行时，一下子就带来三个广东买办。旗昌洋行上海首任买办林显扬就是与旗昌行关系十分密切的行商伍浩官介绍的。在上海的贝得福和莱特两家美国商号，从买办到厨师，全部雇员都是从广东带来的。怡和洋行股东达拉斯 1843 年抵沪设行时就带了广东籍的佣人来，1844 年和 1846 年香港怡和总行先后派了名叫阿三和阿陶的两名买办到上海协助工作。

这些广东籍买办一旦在上海落户生根，随着外国商号业务发展的需要，他们又大量引荐提携自己的亲朋乡里来上海充任雇员和学徒。在这批人中间，也产生了不少早期著名的买办，像宝顺洋行的买办徐润和鲍曼洋行的买办阿李，都是通过原广东籍买办介绍进入洋行当学徒后升为买办的。另外，像早期怡和洋行的买办林钦在 1863 年辞职时就推荐香山同乡唐廷枢（字景星）接替自己；太古洋行买办郑观应在 1881 年参加招商局轮船公司工作时就推荐了自己的同乡杨桂轩来充任买办。不少买办还通过家族传递世袭继承。像香山的徐氏家族与上海宝顺洋行从 19 世纪 40 年代起到 1868 年宝顺洋行收歇止，保持了 20 多年的东主关系。香山的唐氏家族则和上海的怡和洋行保持了半个世纪的东主关系。这些广东籍买办由于亲朋和乡里关系的提携，就使得当时上海的买办圈子里形成了一股广东帮的势力，至19世纪末，上海的洋行买办仍以广东帮的势力最大。

通过亲朋和乡里关系发展买办的情况在其他地方同样普遍。像1854年琼记洋行在福州开设分行——隆顺行时，在香港的老买办莫仕扬就介绍了广东同乡唐隆茂至福州分行任买办，以后又由他的兄弟亚乞继任。在天津，怡和洋行的正副买办梁彦青、陈祝龄，太古洋行的买办郑翼之，仁记洋行的买办陈子珍，俄华道胜银行的买办罗道生，德华银行的买办严兆桢全都是广东人。在汉口，旗昌洋行最早的买办阿庞和协隆，怡和洋行的买办裕隆，宝顺洋行的买办盛恒山和杨辉山也全都是广东人。

洋行选拔买办的首要标准就是要对外国老板忠诚可靠，不少买办就是在洋行买办间的员工中经过洋行大班长期考察才提拔起来的。像上面提到的宝顺洋行买办徐润就是这样。徐润从15岁到宝顺洋行学习丝茶业务，至24岁时才由大班韦伯选拔为买办，接替去世的买办曾寄圃。泰和洋行的买办劳敬修14岁就进洋行学生意，工作了28年后由洋行大班司特恩举荐成为买办。这些经过大班们长期考察培养的买办自然对其东家忠心耿耿，说一不二。

充当买办必须具备比较熟练的运用外国语言的能力，因此不少买办都曾长期受到西方教育的熏陶。如怡和洋行的买办唐廷枢，10 岁时就进香港教会学校读书，受过 9 年西式教育，1858 年到上海任海关翻译和秘书，1861 年进怡和洋行任洋货推销员，1863 年被提升为怡和洋行的总买办。唐廷枢能操一口流利的英语，连外国商人也认为他的英语说得“就像一个英国人”。像太古洋行的买办郑观应，17 岁到上海学生意，跟随其做买办的叔父学习英语，进入宝顺洋行后又随英国牧师傅兰雅在英华书馆读夜校。郑观应平时热衷于阅读教会办的《万国公报》，博览宗教、科学、历史及各国新闻，在 1873 年被太古洋行聘为买办。

此外，与洋商有较多业务往来的洋庄商人也是早期买办的一个重要来源。像旗昌洋行的买办陈竹坪原为上海陈舆昌丝栈的老板，是当时上海非常富有和很有地位的商人。瑞记洋行的买办吴少卿原是顺成泰丝栈的老板。这些洋庄商人既富有又懂业务，加上与洋行业务关系十分密切，在交往中受到洋行大班的信任，自然很容易为外国洋行所用，成为买办。像上海永达仁丝栈的老板杨海泽是有名的丝商，他先被新时昌洋行聘为买办，后转至公平洋行做买办，后来又重新被新时昌聘用，成为一身兼两家洋行职务的买办。

鸦片战争以后产生的买办和以前的买办已经有了本质上的不同。第一，买办的地位不一样了，他们不再受中国的官府和公行管辖，完全成为外国商人雇员。买办的这种地位，完全是由《南京条约》及其他一系列中外不平等条约赋予的。第二，买办的职能也不一样了。鸦片战争之前的买办，仅为洋商管理商馆和商船的内部事务，不参与洋商的贸易活动。近代买办则由管理行务、经管银钱账进而参与洋商的业务经营，包括商品的推销，合同的签订，深入内地收购土产，负责运输、纳税、报关等事务。作为中外贸易的中介，这些买办已从原来的洋行仆役头目变成了中外贸易的帮手。第三，由于鸦片战争以后清政府已丧失了独立的对外贸易的主权，近代的买办开始依附于外国洋行在华经营贸易活动，近代买办完全是中国半殖民地的产物。

4 “别立一业”的买办队伍

近代早期买办的主要活动是帮助外国洋行收购中国的丝茶等土产，推销鸦片和洋货，这些活动是和当时西方列强对中国进行经济渗透的性质相适应的。

在19世纪40～50年代，上海外国洋行的买办就开始深入到长江中下游的口岸，如镇江、九江、汉口等地，进行丝茶等土产的收购。中国较早的留美学生容闳在他的《西学东渐记》中曾记载过，他从1859年起，就代表英商宝顺洋行到江西、湖北、湖南等地调查丝茶产地的供应情况，并进行收购。在同一年，他还和英国商人到浙江绍兴收买生丝，又和一些外国商人到安徽太平县收购茶叶。推销洋货和鸦片是买办和买办商人活动的另一个领域。由于当时洋货在中国的销路还未能完全打开，加上商人手中往往缺乏现金，所以物物交易、以货易货是当时主要的交易形式。一些早期的买办往往同时起着既为外国洋行收购中国的农副产品，又为外国洋行推销洋货和鸦片的双重作用。像镇海的方性斋家族，早在鸦片战争以前就在家乡开始买卖粮食、杂货、糖等，后又在上海开设糖行、丝号、钱庄。上海开埠以后，方性斋家族即在租界设立北履和号，专营钱庄业务，又开设方振号，专营对外贸易。方性斋家族派人到湖北收买土丝，又到绍兴嵊县收购绿茶，然后将丝茶售与洋行换取进口的花色洋布，再自用夹板船将花布运至汉口出售。

在近代早期，贩卖人口这种惨绝人寰的罪恶勾当也是买办涉足的一个重要领域。据美国驻厦门领事布兰雷的报告，在厦门，从 1847 年到 1853 年由该口岸贩运到海外的中国劳工就有 12151 人。在汕头，仅 1855 年后被贩运出口的华工苦力就有 6388 人。据美国传教士卫三畏的估计，在 1858 年以前，仅被迫立有卖身契的“契约劳工”就有 15 万人被掠卖到海外。在早期的汕头、厦门、澳门、香港和上海的洋行中都曾有经营人口贩卖的勾当。例如在厦门，和记洋行和泰记洋行就是两个有名的“苦力贸易商行”。在汕头，鲁麟洋行和德记洋行都曾从事过人口贩卖勾当。外国洋行从事的这种人口掠卖活动，没有中国买办的帮助是无法进行的。《筹办夷务始末·同治朝》记载说，曾任洋行买办的杨俊洸在咸丰年间就在广东澄海和潮阳之间开设行店，名为贸易，实则私贩人口出洋，是一个十足的人口贩子。他和外国洋行内外勾结，共同从事人口贩卖的罪恶勾当。

由此可见，买办的活动一开始就是同外国列强的经济侵略活动紧密地联系在一起的。

随着外国洋行势力的不断扩张，一些新开通商口岸的土著买办也陆续出现。特别是一些重要的口岸，如上海、天津和汉口，浙江和江苏籍的买办增加很快。1850 年前后，上海怡和洋行雇用了宁波籍买办杨坊（泰记），汇丰银行的第一任买办王槐山也是宁波籍。旗昌轮船公司的买办陈竹坪是湖州人。由于在“招徕货运，出售洋货”方面，宁波籍的买办起到了很大的作用，所以在汉口琼记洋行，宁波买办被认为是“最能满足行务的需要”的，因此不少宁波人在汉口当上了买办。

一些丝茶的产地，由于产品主要用于外销，商人经常同外国洋行打交道，一些经商者在业务中学会了同外商打交道的本领。例如在湖州，“通语言者谓之通事，在洋行服务者谓之买办，镇之人业此因而起家者亦正不少”，因此逐渐形成了一支湖州籍的买办队伍。

在上海，有的外商一时找不到合适的买办，竟然公开以刊登广告形式征雇一名“通英文英语者，管理写字房及家中一切事务”的买办。为了适应外国洋行对买办的需要，一些学习英语的“英字话馆”和学习法语，甚至学习意大利语的专门学校也应运而生。

这样，从鸦片战争结束到 19 世纪 60 年代，在一些沿海城市中，通事、买办一类人物从无到有，已形成了一定的气候，他们“于士农工商之外，别立一业”，成为近代中国早期的买办队伍。

5 形形色色的买办及其职能

19世纪中叶以后，外国资本家在中国开设的洋行和企业逐渐增加，所以他们雇用的买办数量也随之增多。以外国资本家开设的不同企业类型分，当时中国的买办可以分为以下几类。

（1）洋行买办，主要是为外国商业性洋行的买卖活动服务的。

（2）银行买办，主要是为外国银行的存放款业务活动服务的。

（3）轮船公司买办，主要是为外国的内河和远洋轮船公司招徕运输和仓储业务的。轮船公司的买办又可细分为公司买办、驻船买办和码头仓库买办等。

（4）保险公司买办，主要是为外国在华保险公司招徕业务和承办各种保险及理赔事务的。

（5）工矿企业买办，主要是为当时的外资在华工矿企业的经营活动，特别是购销活动服务的。

（6）房地产公司买办，主要是为外国房地产公司在建筑和租借、买卖房屋的中介活动服务。

当然，不少外国洋行或企业，他们在华经营的范围很大，只要能赚钱，他们什么买卖都做，甚至走私鸦片毒品，掠卖人口。特别是一些较大的洋行和企业，往往都兼做进出口贸易、交通运输、房地产和银行业务等，甚至还开办工矿企业。所以，他们雇用的买办就相当多，除了洋行和企业的总买办外，还有各部门和各下属企业的各种买办。

由于买办数量的日益增加以及买办活动范围的日益发展，所以买办这一名词在社会上也日益流行。一般的中国人较多地直接称外国洋行和企业雇用的职业买办叫买办，买办在洋行和企业里设立的办事机构叫买办间。也有干脆用外文买办的音译名“康白度”来称呼买办的。本书所说的买办，就是指近代中国这一类职业买办。至于一些著作中所称的政治买办、文化买办等，我们认为这主要是人们的一种习惯称呼，不纳入本书的考察之列。

因为外国洋行和各种外国企业在华开设的企业性质不同，其业务范围也不一样，所以其雇用的职业买办为外国资本家服务的内容也就不同。归纳起来，买办为外国资本家提供的服务可以分为以下五个方面。

了解市场情况，提供经济信息 由于外国资本家刚进入中国，他们不了解中国的国情，也不了解中国市场的具体情况。他们要发展业务，就要了解中国有关资源的分布、市场的具体情况、居民的购买爱好、各个阶层的支付能力等。由于语言的障碍，他们很难单独地在业务上有较快的拓展。所以，他们迫切需要中国的买办为他们提供这方面的服务。

招揽业务 这是各种买办为外国资本家效力的主要手段，其内容包括推销外国商品，收购中国土产原料，吸收和放贷各种款项，以及接洽其他外国洋行和企业的业务等。买办们了解中国市场情况，为洋行和外国企业提供经济信息的最终目的就是要为外国资本家招揽更多的业务，开展更多的经济活动。19世纪中叶以后，外国洋行为了达到控制中国商品市场、原料市场和金融市场的目的，利用不平等条约赋予外商的种种特权，利用买办在中国的城市和乡村建立组成了一个星罗棋布的商品推销网、原料收购网和金融控制网。买办就成为这一网络中的基干力量，成为外国资本家和封建地主阶级相互勾结的桥梁。不少原来外国商人不可能在中国做到的事情，在买办的帮助下，外国资本家可以如愿以偿。

由于买办在外国经济势力推销外国商品，掠夺中国原料，对中国人民实施种种剥削和不平等交换的过程中扮演了中介人的角色，所以他们自然也可以以佣金的名义在外国资本家那里分得一些余利。为争取更多的佣金分成，他们更加起劲地为外国资本家效劳，从而使中国更多的资财流向外国。在鸦片战争以后的100多年中，外国资本家从中国掠去和赚得的财富多得难以作出统计，但这一庞大数量的大部分都可以说是同买办活动密切相关的。

为外国资本家垫付一部分资本 买办为外国洋行和企业垫付一部分资本是他们对外国资本家在华从事经营的一种重要贡献。因为近代买办一旦为外国洋行和企业所聘用，根据合同就要先付一份数量相当可观的保证金，这份保证金的多少是根据外商洋行和企业的规模及买办所经手的贸易额的大小决定的，从数千、数万以至数十万两（元）不等。这在实际上就是为外国资本家提供了一部分资本。外国洋行和企业虽然要对买办支付一部分低于市场息率的利息，但这一份保证金对外国老板来说，立即就可以成为外国洋行和企业的流动资本来从事各种经营活动。有的买办契约中还规定，除了上述必须交纳的保证金外，因外国洋行和企业业务经营的需要，在具体的收购原料和加工土产过程中，买办还需垫付一定数量的资本，这就进一步为外国洋行和企业的资本运转提供了条件。历史事实表明，近代不少来中国闯荡的外国商人开始并没有充足的资本，有些冒险家刚来华时甚至身无分文，两手空空的淘金者为数不少。固然也有不少外国洋行和企业一开始就拥有一定的资产，但是在经营中他们也往往是更多地凭借着外国资本所拥有的特权，依靠着向买办收取保证金和买办缴纳的垫款来打开经营局面，从而走上发财致富道路的。

管理中国员工　外国在华的企业，特别是在华的工矿交通企业，由于业务经营的需要，必须雇用大量的中国籍员工。在近代中国，外国企业除了少数的技术人员是从国外招来的以外，来自中国农村和城镇的大量劳动力一般也是由买办推荐或招募进来的。他们进入工矿企业以后还必须进行一定的劳动训练，并对他们进行必要的日常管理，这些工作一般也是由外国企业委托买办来承担的。买办在管理中国籍员工的过程中还可以凭借种种手法加强对员工的剥削，克扣一部分中国员工应得的款项，中饱私囊。所以一旦发生中国籍员工反抗外国资本家的经济剥削和政治压迫时，买办就会立即站在外国资本家主子的一面，成为压迫和剥削中国籍员工的帮凶。

管理现金出纳事务 由于旧中国货币制度相当混乱，在经营中外国洋行和企业一般也不了解中国商人的资产实力和信用程度，因此，外国资本家也把金钱出纳的有关事务委托给买办经手，以尽可能减少企业在金银出纳方面的风险。由于为外国洋行和企业掌管现金出纳的业务，买办就成了外国资本家的总账房。外国洋行和企业在日常业务中收受的各种货币和票据均由买办负责保管；收受的各种金银成色和货币真伪由买办负责加以鉴定；各种期票票据的开出和期票票据的承受，不论是买办本人或其使用人签字，也都由买办负责。买办在每天营业结束时，要将各种账册报表让外国资本家审查，在必要时还要进一步提供账簿和各种票据及现金货币供外国资本家查验。

近代早期的买办正是以这些功能赢得外国洋行和企业老板的青睐，成为附属于外国经济势力的一股社会力量。

二 早期买办势力的发展

1 外国资本主义对华经济侵略的加强

第二次鸦片战争以后，外国资本主义列强从腐败的清政府那里取得了更多的特权和殖民利益。1858 年签订的《天津条约》和 1860 年签订的《北京条约》扩大了西方列强在《南京条约》中攫取的权利。对外开放的通商口岸从 5 个增加到 16 个，至 19 世纪 90 年代初，对外开放的通商口岸又增加到 34 个。《天津条约》还给予西方列强在我国内河航行的特权，外国商船可以在长江各口岸随意往来。进口的关税进一步被限制在值百抽五的水平上，除丝、茶、鸦片等以外，凡进出口关税都可以值百抽五征收。至于洋货运销内地和土货从内地装运出口都只要缴纳 2.5% 的子口税就可以通行无阻，免缴各项内地税。鸦片在洋药的名义下可以自由买卖，成为合法化的贸易。这些特权的取得，大大便利了进口洋货向中国内地的推销和内地土产的采购外运，对西方列强在中国扩展掠夺性的贸易提供了极大的方便。

第二次鸦片战争以后，随着长江和北方沿海口岸陆续对外开放，外国资本家纷纷在新口岸开设商行，外国洋行和企业的势力进一步扩张。1872 年，洋行数目就从 1855 年的 219 家增加到 343 家，外商人数达到 3673 人。至 1892 年又增加至 579 家，外商更达近万人。一些口岸新增设的洋行不少都是由上海的洋行分设出去的。据统计，1864 年汉口、天津、九江等几个口岸的 178 家洋行，有 88 家是上海洋行的分行或联号。

这一时期大量中小洋行得以开设，是有着深刻的社会原因的。因为在这段时期里，由于交通电信业的发展缩短了商品货运的周期，加快了市场信息的传播。银行金融业的发展则加快了货款汇兑的速度，特别是商品押汇业务给中小洋行的资金周转以很大的便利，这使洋行的经营资本额可以大大减少，这就使一批中小洋行得以迅速开设。其中还产生了不少足以与老牌洋行竞争抗衡的新洋行。像 1886 年开设的以经营航运业为主的太古洋行、1875 年开设的以经营棉纺织品为主的老公茂洋行、1872 年开设的新沙逊洋行等。其中重要的英商洋行有元芳、公平、太古、隆茂、老公茂、老晋隆等洋行。美商有丰裕、茂生、太平等洋行，法商有永兴、立兴等洋行，德商有美最时、礼和、咪吔、拜耳、爱理思等洋行。早期的洋行以英、美、法三国势力最强，在这段时间里，德国的洋行发展迅速，1872 年为 40 家，至 1894 年增加至 85 家，速度超过美、法两国。比较著名的德国洋行有瑞记、禅臣、鲁麟、美最时、信义祥等洋行。日本自1871年起也在华开设洋行，至90年代已开设了三井、三菱等洋行共30家左右。

在外商洋行迅速增加的同时，进出口贸易也同时增加。1864年时中国的进口贸易值为4600多万海关两，1894年时增加为16200多万海关两。其中鸦片进口的数量仍在增加，但棉布、棉纱等工业品的增加更加迅速，比重有很大增加。出口贸易由1864年的4800多万海关两增加到1894年的12800多万海关两，其中丝茶产品仍占主导地位，但其他农产品和手工业品数量增加更快。

在第二次鸦片战争以后，西方列强在扩大推销商品和掠夺中国原材料的同时，不仅增建了一些为进出口贸易服务的船舶修造厂，缫丝、制茶、制糖等原料加工厂，而且还新设了造纸、卷烟、印刷等工厂企业，利用中国廉价的劳动力和丰富的原材料，获取更高的利润，进一步榨取中国人民的血汗。

与此同时，外国金融势力在中国也有了很大的发展。在鸦片战争以前，设在中国的外国银行都还是总行设在英国或印度的银行的分行。1864年，香港上海银行（又称汇丰银行，有汇兑丰富发达之意）成立。总部设在香港，次年就在上海设立分行，这是第一个总部设在中国的外国银行。以后，一些后起的德国金融势力也进入中国，1872年德意志银行在中国开设分支机构，1889年德华银行在上海成立，也是一家将总行设在中国的外资银行。1893 年，日本横滨正金银行在上海设立分行。1894 年法国东方汇理银行在中国设立分行，1899 年在上海设立分行。这些银行，除了在中国的总行和分行作为其枢纽外，还在福州、汉口、宁波、汕头、厦门、芝罘、九江、天津、澳门、海口、打狗（即高雄）、北京、牛庄等地设立支行或代理机构，构成了一张西方列强的金融汇兑网，是西方列强对华进行经济侵略的重要机构。

由于进出口贸易的增加，西方列强来华的船只在 60 年代以后也日见增加。在第二次鸦片战争以前，外国航运势力还主要局限于在东南沿海地区进行远洋运输。沿海航行权和内河航运特权的取得，使外国的航运势力进一步染指中国的航运业。60 年代以后，参加长江航运竞争的有美商琼记洋行、旗昌洋行等。1862 年美国旗昌洋行轮船公司正式成立，这是西方列强正式开始投资于中国的航运业。英国参加长江航运竞争的大洋行有宝顺和怡和洋行。至 1864 年，在长江流域竞争的外国轮船公司和洋行已达 10 多家，竞争非常激烈。此外在北方、上海和烟台、天津之间的航线上，德商惇裕洋行（以后又招股改组成北清轮船公司）、天祥洋行、美国的旗昌轮船公司、英商怡和洋行以及惇华洋行等展开了激烈的竞争。另外，在华南水域的航线和远洋航线上，都有拥有相当实力的外国洋行和轮船公司参与激烈的竞争。上述这些轮船公司在沿海各口岸都不同程度地拥有自己的码头、货栈和趸船等，也雇有相当多的买办为其招徕业务。

从第二次鸦片战争开始，西方列强的经济势力凭借着它们取得的特权在各种经济领域里扩张其势力，这就导致了近代中国买办活动领域得以进一步拓展，买办队伍也进一步扩大起来。

2 早期买办的活动领域

在外国资本主义入侵势力的庇护下，外国商人势力伸到什么地方和领域，买办势力也就发展到这些地方和领域。

首先是受雇于外国洋行的买办，他们经营活动的范围比第二次鸦片战争之前有了很大的扩张。他们为外国洋行深入内地进行土产收购的活动比以前更加普遍，规模也日益扩大。

近代中国前期，当时中国对外出口产品主要还是丝茶两项，所以深入产地进行蚕茧、生丝和茶叶收购仍旧是买办们的主要活动领域。

在19世纪50年代，每年春天，上海的各洋行就派出自己的买办“赴内地产丝处收买蚕茧，贩运赴沪”。1867年，上海怡和洋行的经理就安排了买办阿李，携带2万5千两银子去福建采购福州茶，派买办林钦去产丝区购丝，并打算好每包的丝价为480两，如价格稍高，则500两一包亦可购进，并决定一次可购进500包。在湖州产丝区，不少湖州丝商也成为洋行的买办，像陈竹坪是旗昌洋行的买办，他开有裕昌丝行。丝商顾春池也是旗昌洋行的买办，他开设有丰顺丝号。

70～80年代，买办的这种大规模进入产地的收购活动更是随处可见。1885年的《北华捷报》曾对外国洋行及其买办进入产地收购丝蚕有如下的描写：在江苏溧阳等地，“由于麇集了飘扬着怡和洋行或旗昌洋行的船只，载来了每家洋行的外籍代表，还有一大群收买和监督煮蚕和烘蚕的买办和账房等职员，各个收茧中心的景象显得非常活跃”。

市场在产丝区，都在扬子江三角洲一带，离上海不远，那里的中国农民集中出售他们的茧子。茧子的收获通常在五月十五日到六月五日之间，在这以后上海外国洋行的买办们就去同农民碰头。春茧必须在七天或十天之内出售。……由于烘蚕设备集中在少数特权经纪人的手里，这种独占制度把他们（茧农）摆弄得丧失了讲价的地位……

带着茧子上市的中国人，不得不马上脱手，他们不能等过了一个星期，他们不得不接受经纪人和买办提出的任何价钱……

……他们（指买办）代表白人买卖甚至付款——他们的“买办订单”和货币一样有效，甚至还要吃香。他们弥补了大班和中国人之间很大的缺口。在他们之间形成了一个明显的小集团，靠白人经营的公司的丰厚赚头过活，并且他们自己也逐渐丰厚起来了。

这些自己的腰包也逐渐丰厚起来的买办除了代外

国洋行收购以外，自己也不失时机地经营同样的买卖。像上面提到的宝顺洋行买办徐润，他在1868年以前就既充当洋行买办，又自营买卖业务。在1860年，徐润就于温州自办了润立生茶号，自己将茶叶购回上海，“分沽与英美各洋行”。次年，他“大得其利”，后来又与人合股开设了多家茶行。

除了出口的大宗丝茶外，其他土产的出口由于外国市场的需求增加，也有不同程度的增长。像原棉、草帽辫、皮货、红糖、羊毛、大豆、猪鬃、禽毛和烟草等，这些土产同样由洋行派遣买办携带巨款深入到产地进行收购，于是买办收购活动无论在品种、地域还是规模上都比以前有很大的扩张。

在进口洋货的推销方面，除了第二次鸦片战争前就开始输入的鸦片以及棉纱、棉布等工业品以外，其他各种日常用品，如煤油、颜料、玻璃、火柴等都成为数量较大的进口产品。像煤油在开始输入时数量非常有限，1867年时才3万加仑，但到1895年每年进口已达到5200多万加仑。

上海早期的著名买办叶澄衷就是一个靠推销美孚煤油起家的商人。他原先是一个在黄浦江上摇小舢舨跟外国轮船做小买卖的小商贩，贩卖一些小洋货，后来生意越做越大，1862年就在虹口开设了老顺记五金号，专门销售船上用的五金和煤油、洋烛、洋线团等。由于生意越来越红火，他很快在上海开设了南顺记、义昌成记、新顺记、可炽铁号、可炽顺号等，而且进一步在汉口、九江、芜湖、镇江、烟台、天津、营口、浦江分别开设了顺记广货号和铁号，也都经销美孚煤油，逐渐发展成为上海滩上数得上的买办商人。美孚煤油也由于有买办的竭力推销，远销至中国内陆各地。

德国的颜料也是依靠买办和买办商人的推销而逐渐打开销路的。最初，德国颜料仅由礼和及禅臣洋行委托上海的一些洋杂货号寄销，待货物售后才收回货款，完全是一种试销。当时寄销的洋杂货号只有林魁记、李珊记、万顺丰、恒丰昌等几家。但到1880年左右，德国颜料在中国市场上已初步打开了销路，上海已出现了专门销售颜料的店号。这样，由于颜料买办商人的活动，德国颜料就开始占领我国相当一部分市场。

此外，买办的活动领域还开始扩展到原先很少或还没有涉及的工业企业、银行、外国轮船公司，甚至军火买卖等，买办职业几乎遍及所有生产和生活品买卖的领域。

3 买办队伍的扩大

第二次鸦片战争以后，随着外国经济势力对华渗透的加剧和买办活动领域的扩大，买办队伍也不断扩大。如果说，在19世纪50年代时，买办已成为社会上引人注目的一种职业，加入买办队伍的人员日渐增多，已初见“别成一业”的端倪，那么在60年代以后，买办队伍更加以前所未有的速度发展，无论在数量上，还是在其拥有的财富和社会地位上更令世人瞩目。

买办数量的增加首先可以从买办出身籍贯的变化中反映出来。由于广州是鸦片战争以前中国唯一对外进行贸易的口岸，所以早期的买办主要是广东人。在五口通商时期，买办已开始扩散到被开放的口岸，如上海这样发展极为迅速的口岸城市，买办“半皆粤人为之”。著名的买办像唐廷枢、徐润、郑观应、陈可良等都是广东籍的。就是以后开放的天津，由于第一批开设的洋行大多是原来就在广州有贸易基础的外国洋行，所以在这些分行中任职的买办也都是广东人。以后通过同乡引荐，有更多的广东人进入天津从事买办或买办账房工作。在汉口，情况同样如此，如汉口汇丰银行第一任买办邓纪常就是广东人。

但是随着通商口岸的增辟，特别是第二次鸦片战争以后，上海明显地代替广州成为中国对外贸易新的中心时，随着买办活动领域的扩展，江浙一带出身的买办也逐渐发展起来。在上海，一大批江浙籍的买办成为当时买办界最重要的角色。例如怡和洋行的买办祝大椿是江苏无锡人，瑞记洋行的买办吴少卿是浙江人，平和洋行的买办朱葆三是浙江定海人，鲁麟洋行的买办虞洽卿是浙江镇海人，上海汇丰银行的首任买办王槐山是浙江余姚人，第二任买办席正甫是苏州人，德华银行的买办许春荣是浙江湖州人，旗昌洋行的买办陈竹坪、顾春池、顾寿乔都是浙江人。

在其他口岸，情况同样如此。例如在天津，汇丰银行天津分行的买办吴调卿原籍是江西婺源，幼时移居苏州，生活在一个苏州商人家庭。泰来洋行买办王铭槐是浙江宁波人。旗昌洋行的买办刘森是上海人，后一任买办大生是天津本地人，大生甚至还到镇江任旗昌洋行的买办。在汉口，到辛亥革命前夕，买办界已形成了广东帮、宁波帮和本地帮三股势力。由于汉口拥有外国洋行130多家，工厂达40多家，还有外国银行10家左右，所以汉口形成了一支为数不下500人的买办队伍。

买办队伍的扩大，除表现在籍贯的变化外，还表现在一些不同出身和不同职业的人都开始介入到买办活动中来，改变了以前买办的出身仅限于广州公行的职员或通事，或与外商有贸易往来的封建商人及鸦片贩子的现象。买办职业，开始时还是一种受到一般人鄙视的职业。在19世纪50年代一度当过买办的容闳也说过："买办之俸虽优，然操业近卑鄙。……以买办之身份，不过洋行中奴隶之首领耳。"他原先就是中国最早的留学美国的学生，所以一时还不肯"屈就贱役"。王韬也认为买办之称仅美其名而已，"实则服役也"。可是，在60年代以后，情况就渐渐地发生了变化。买办也是外国洋行赖以进行贸易的必要的中介人，外国洋行的老板为了发展业务必须依靠这些买办来工作，即所谓"所有洋行的交易都要通过他，在他未定出价格以前，不能买也不能卖"。买办在中外交易中手中握有相当一部分权力，所以其社会地位也相应提高了。对于想同外国洋行从事交易的中国商人来说，买办更几乎拥有生杀予夺的大权。由于买办的中介地位受到商人的共同看重，其社会地位也自然得以提高。

买办在外国洋行那里不但有薪金收入，而且在买卖中还有佣金回扣。一些外国洋行老板为了在竞争中发展自己的业务，往往答应给买办增加佣金的比例，这使买办的收入日益丰厚。此外，买办还可以在中国商人这一方同样取得一份可观的回扣。这种丰厚的收益同样也吸引着一些不同出身和职业的人投身于买办队伍。

19 世纪 60 年代以后，首先是一批教会学校和在欧美国家留学的学生开始加入买办队伍。像唐廷枢，他早年就学于香港的马礼逊学校，后来又进入英国教会学堂，自称是一个“受过彻底的英华教育”的人。在他的同学中，还有中国第一个去美国大学留学的学生——容闳。唐廷枢在 27 岁时任上海海关正大写及总翻译，29 岁时就开始和怡和洋行发生关系了，“代理该行长江一带生意”。1863 年，当他 31 岁时正式成为怡和洋行的买办。70 ~ 80 年代以后，更多的教会学校学生和留学生在回国以后成为买办的一个重要来源。所以 1882 年的《北华捷报》曾说过：“这些到过欧美或者由教会学校教育起来的中国青年，他们在远东的商业领域中已经成为一个重要的因素。”

后来，连一些原来想在仕途中获取功名的人也开始投入了买办的行列，一些人开始看好买办那份丰厚的收入。一位买办曾这样劝说正醉心于仕途的亲属：“我建议你不要投身于宦途……过去十年，外商在上海贩运丝、茶出洋，牟利颇厚，业务极为兴旺……我希望你学习英语（美国人也讲英语），然后我将推荐你到外商洋行工作。”在这种厚利的引诱下，自然有不少人投身于买办之列。

4 中国“最富有的社会阶层”——买办的收入

到19世纪末，随着外资企业的增加，买办队伍也迅速扩大。当时，凡一家规模稍大的外资企业，往往都在重要的通商口岸设立自已的机构，并在各地开设分支机构，每一机构一般都要雇请一两名买办。所以据目前绝大多数学者的估算，在19世纪末，中国已有买办一万人以上。这些买办，由于他们在为外资企业的服务中分得了一分余沥，迅速地积累起十分可观的资金。

买办的收入主要有以下几项：薪金、贸易佣金、出口货价差额、鸦片贸易收入、附股分红、自营的商业及高利贷收入等。其中为洋行服务的贸易佣金收入是买办最为可靠而且数额最巨大的收入。据一些材料的记载，上海的一个外资银行的买办月薪在200～800两之间，但其每年的佣金收入则可高达1万～8万两。买办们因经手中外贸易积累的巨额财富，使当时从事其他行业的人们望尘莫及。

19世纪中国的买办阶级收入到底有多少？买办阶级可以积累起怎样一笔财富？这一直是学者们研究探讨的问题。尽管各人考察的角度不一，依据的材料也各异，但经过相互探讨商榷，大致上已取得了相当的共识。根据一个较全面的统计资料，我们可以对1840~1894年间买办阶级与职业有关的直接收入概括如下：

买办薪金收入	8800万两
商品贸易佣金等收入	16500万两
出口商品差额收入	7500万两
鸦片贸易收入	9500万两
外资工厂买办收入	1900万两
经手外债的利息差额收入	500万两
银行买办收入	600万两
轮运、保险业买办收入	1000万两

如果把以上的收入合并计算，我们即可看到在1840~1894年间，中国买办阶级的全部收入约为4.9亿两。这一收入中还不包括买办作为一个独立的经营者，如商人、高利贷者、房地产业主、企业主，或从事其他各类投机的利润和收入。

买办阶级在这约半个世纪里能有4.9亿两白银收入是个什么概念呢？根据对19世纪40年代到60年代全国财政收入的统计，中国这一万名买办的这些收入可以与当时40~60年代全国平均10年的财政收入总额相当。所以学者们正确地指出，买办阶级那时已成为全国在“地主以下一个最富有的社会阶层”了。

由于买办阶级能在如此短的时期内积累起这笔巨

大的财富，所以这一阶层的相当一部分人都成了暴发户。他们的钱财来得快，来得多，特别是一些大买办，开始了穷奢极欲的挥霍享受。他们居家建花园，营楼台，衣必锦绣华彩，食必珍馐粱肉；出则车马列队，竟日酬酢权贵，事媚洋人；居则仆婢成群，纵欲挥霍，支销无度，为当时人所侧目。

据一些个案的推算，19 世纪中国买办阶级的消费支出约占其收入的 60% 左右。如上所述，这一时期买办的总收入约为 4.9 亿两，其花销总量几乎达到了 3 亿之巨，所以是十分惊人的。

除了近 3 亿的花销外，买办阶级在此期间还积累起 1.97 亿两白银的资金。这些资金，买办主要用于下列几项投资：

缴纳外资企业的保证金	约 10000 万两
对外资企业的附股投资	约 1200 万两
对城市房地产业的投资	约 3000 万两
对商业和银钱业的投资	约 5000 万两
对近代新式工业的投资	约 500 万两

以上合计 19700 万两，这就是买办阶级的全部积累。

从以上分析中，我们可以看到，近代买办的收入十分巨大。相比之下，其资金积累率也是相当高的。这种高积累率究其原因，首先是由于外资洋行和企业的利润高。当时洋行利润已不同于地主阶级从农民那里榨取的封建地租，它来源于外商凭借特权保护的不平等贸易，来源于不等价交换和具有资本原始积累性质的超额利润，所以数量特别巨大。其次，买办由于是外国资本主义经济的附庸，其生存和发展均受到西方列强政治、经济特权的庇护，这就使买办成为可以免受政府敲诈勒索的特殊免税者。以前，封建行商同样从事这类活动，但政府各种合法和非法的税负、贡纳、摊派和勒索使行商的丰厚收入相当一部分都进入了政府和官员的腰包，而买办却没有受此搜刮，这就保证了它可以有较高额的积累。

三 买办活动领域的扩展

1 以买办为中介的洋货推销网

19 世纪 70 年代以后，中国的市场进一步对外开放。洋货的进口和土货的出口都有了长足的发展。在 70 年代初，中国的洋货年净进口值约为 4000 万海关两，到甲午战争前夕，进口货值已达到 12900 万海关两，增长了两倍多。在进口品中，工业制造品（当时在海关统计中称进口杂货）的增加尤为迅速。在 1870 年时，进口的棉纺织品仅 5 万多担，到甲午战争前，已增加到 116 万多担，数量增加了 22 倍，成为增长数量最快的商品之一。

在 90 年代，棉纺织品已成为进口货物中的最大宗，而各种杂货的进口量也超过原来占第一位的鸦片，成为仅次于棉纺织品的大宗进口物品，鸦片的进口量已退居第三位。

进口货品销售的地区也有进一步的扩展。在南方，仍以广州为主要基地向西南各省渗透扩展。除广东外，广西、贵州、云南等地都有广东商人活动的足迹。由于推销活动的开展，内地不少地区都建立了专门推销洋货的分号。在北方，洋货以天津为主要基地向山西和华北平原推进。在80年代时，英国的粗斜纹布就已运销山西市场。在河北保定，除了英国的棉纺织品外，连比利时的洋灯、挂锁、铁钉、螺旋和铰链，美国和法国的洋钟，甚至作为玩具的小火车和洋铁船都可以在市场上见到。在长江流域，洋货更是以上海和汉口为主要转运点向长江中上游扩展。70年代后期，汉口已成为长江中游洋货集散的中心之一。从上海运来的洋货到这里被重新包装后再运销四川和更远的内地。连陕西和湖南的不少进口洋货都由汉口转发而来。比汉口更远的重庆，也是洋货的集散基地。当时重庆专门批发洋布的商号就有27家，其推销地区东至涪陵、忠县、万县，北至合川、遂宁、三台等，西至泸州、叙府，以至更远的云南边区各地。在云南的昭通，商店里可以买到各种不同的哈喇呢、哔叽和羽纱，还有漂白和本色布以及红法兰绒和丝绒等进口洋货，连外国钟表、伯明翰的纽扣以及洋铁器、玻璃、檀香、黑胡椒和西洋参都可以买到。

这种洋货的广泛销售网络自然离不开中国买办的积极推销。在鸦片战争结束时，在华的外国洋行还只有不到40家。进入70年代时已发展到300多家，到90年代初更发展到570多家。早在80年代时，外商洋行就已遍布上海、天津、牛庄、芝罘、宁波、福州、厦门、淡水、打狗、汕头、广州、琼州、北海、镇江、芜湖、九江、汉口17个通商口岸。当时，福州、厦门、汕头、广州、打狗等都是香港洋货的分销市场，而天津、芝罘、牛庄及长江沿岸的镇江、九江、汉口等都以上海为贩运基地。通过这些洋行的中国买办，洋货经华商原有的商业渠道向内地市场宣泄。这样，一个以通商口岸的买办商人为核心的与内地华商相联系而建立起来的购销渠道筑成了一个洋货对内地的渗透销售网。买办推销洋货，一般采用以下两种方法：一是由买办交由当地或其他口岸的买办化华商承销；二是由买办直接与内地的华商挂钩。

贩销洋货的内地和非口岸的华商大体上有批发和零售两种。内地进行洋货批发的华商，大都开设有批发商号。像重庆进口洋布的买卖全部控制在27家批发商号的手里。其洋货的销售地区包括了保宁、遂川、合川、潼川和叙府等30个县，在成都也有这样的批发商号3家。这样，整个四川地区就都成了洋货宣泄的区域。在沿海非口岸城市绍兴就曾经有过广益丰、盛记、福盛恒、洪元泰和西兴隆5家大批发商号。在杭州有厚德利、益顺隆、益合盛和天利4家大批发号。在有的内地，虽然没有专营洋货的商号，但兼营洋货的商号数量不少。通过这些批发商号，洋货再进入更多的零售商手中。

在这种洋货销售网中，当时普遍采用的是一种赊销的交易方式。赊销代表了一种信用关系。按照赊销的方式，承销洋货的华商可以取得在一个约定的信用期限内交付货款的权利。这就使这些洋货承销商不需要有大量的资本就可以从事这种买卖，或者说有了相应的资本就可以从事更大规模的买卖，因为他们有时还可以将出售赊来的洋货款暂时权充自己的营运资金。这种赊销的方式，对资本不足的华商承销者来说是一种十分优惠的条件，它吸引着更多的华商承销者从事和扩大洋货的推销。

在这支华商承销者队伍中，买办是一批最先得到外国洋行赊销信用优惠的商人。例如在 19 世纪 70 年代的镇江，推销鸦片的货款偿还期为两周，如果是推销匹头，则可以有 4 周货款偿还期。在买办向华商转销这些洋货时，同样也要给内地华商以一定的赊销信用。内地华商同样也要向买办提供一定的保证。这样洋行就以买办提供的保证控制了买办，买办又以内地华商提供的保证控制了一批内地华商，形成了洋行外商、买办和华商之间连锁式的保证关系，从而构成了一张洋货的推销网络。

当然，也有内地商人直接到开放口岸购贩洋货的，但这种交易同样也要通过买办或掮客。这时，内地商人同样从洋行那里取得短期赊销信用的优惠。但内地批发商在交货给内地零售商销货时，同样也要给零售商较长期的赊销信用。这种赊销期限在不同地区和因不同的洋货而有差异。如在福州，承销鸦片可以有两个月的赊销期，承销匹头则可以有 3 个月的赊销期。自然，赊销期的高利贷利息是要零售承销者负担的。这就迫使这批零售商人成为买办的洋货推销员。

洋货在华的销售依靠着开放口岸的不断增加、洋货子口税特权的取得、交通运输业的发展等条件，销售量有了飞速的增长。

通过买办的中介作用，在19世纪下半叶，中国就形成了一个从上海、广州、天津、汉口到其他开放口岸城市和内地大中城市，再到内地城镇，直至穷乡僻壤的洋货销售网。至19世纪末，中国对外开放的口岸共18个，但其中真正进行进口贸易的口岸仅有上海、天津、广州、汉口四个，其余则都是通过上述几个大口岸来转销进口洋货。如长江流域的镇江，它从上海进口大批洋货，然后通过其原有的商业渠道再转销到山东、河南以及西北各省。仅据1871年的统计，其转销的洋货额就达230多万两，占其总进口额的66%。到80年代，经镇江运销内地的洋货品种达到了800种。在沿海城市宁波，情况也同样如此。宁波的进口洋货几乎全部来自上海，但其扩散的地区则不仅包括浙江的衢州、绍兴、金华、温州与杭州等城市以及整个浙西地区，而且还向西延伸到江西和安徽的部分地区。

2　买办的“内地采购”——土货收购网

丝、茶、土糖是我国近代早期出口品的最大宗，其收购过程中外国洋行通过买办的中介作用逐渐形成了一张张土货的收购网络。

在19世纪50年代，中外丝蚕的贸易中流行一种称为“苏州制度”的收购方式，即由中国的买办从上海携带鸦片到苏州产丝地区换取生丝。据说这种贸易方式是在40年代由宝顺洋行买办荣记创造的，接着其他国家的洋行商人也都起而仿效。在1851年，一个出身于宁波的买办泰记以其设立在上海和苏州的丝号万丰行的名义用怡和洋行的鸦片——白皮土443箱作为支付生丝的费用，结果换回了生丝195包。泰记有时也自行购置生丝，这些自购的生丝既可以自行卖给在上海的其他外国洋行，也可以通过怡和洋行的轮船自行运到欧洲出售。采取这种“苏州制度”进行鸦片、生丝交易的还有美国的旗昌洋行、英国的广隆洋行等。

到60年代，在收购生丝的活动中，一种由买办“将大量货币送往乡下，向丝行签订合同预约定购”的方式开始流行起来。这种“预约定购”方式的目的在于保证出口生丝的货源。因为通过买办将大量货款带往乡下的这种预付款，使接受贷款的丝栈主或内地华商有义务按期提供所需的商品。在这种制度下，外商可以不必深入内地就可以做成买卖。

70年代开始，随着外国银行贷放款业务和钱庄抵押借款业务的开展，以及大量中间商人的介入，这种土货出口贸易的中间环节大大扩大了。对华商的贷款最初主要出自外国洋行，一般是由外国银行贷款给洋行，再由洋行转贷给华商。洋行的转贷一般是通过买办的中间环节向华商贷放，也有直接向华商转贷的。

以福建一地购买茶叶为例，1880年福州的洋行就贷出了购买头春茶的款项达500万两。1885年福州洋行进入内地的购茶款为380万两，1886年为460万两，1887年为400万两。早在70年代，福州几乎所有的外商银行都从事这种贷款活动。由于银行贷款给洋行的利率比较低，一般为市面利率的一半左右，即六厘，所以洋行都十分乐意接受这种贷款。由洋行转贷给买办所收的利息就较高，而由买办再转贷给茶栈商人的利率就更高了，由茶栈商人贷给山客（即内地茶商）的利率则还要高。最终，山客又将这些沉重的负担转嫁给茶农，压低茶叶的收购价格，使茶农"终岁栽植辛勤，不获一饭之饱"。在茶叶的收购中形成了洋行—买办—茶商（茶栈）—山客（内地茶商）—茶农的高利贷款网络。这种层层盘剥的贷款关系，形成了沉重的高利贷盘剥网，它既保证了茶叶"预约定购"的实行，使货源得以稳定保证，而且通过层层盘剥，把从买办到广大茶农的收购体系都纳入了进出口洋行的收购网。

土糖的收购情况也同样如此。在广东汕头，糖商通过银号取得贷款给糖庄，然后糖庄再以较高的利息率借给蔗农。在台湾，糖行和糖商获得日息三钱的贷款，然后又以日息四钱五的利率转贷给糖坊以从中取利，糖坊又将此款转贷给内地糖贩或蔗农，以获得更高的利息。在台南，这种借款的一般月息都在一分半到二分之间，这样就构成了洋行—买办—糖行—糖坊（制糖业主）—蔗农的一张贷款网络。在这一递层贷放的关系中，还依次订立购糖契约，以保证货源的供应。如糖行从买办处得到贷款，糖行就必须负向贷方承担保证交货的义务，如不能按期交货，糖行就必须负担每笼二元的“违约金”。如果糖行有货想改售给别人，还须负担每担二分的“手续费”，不然这种改售就被视为非法。

在丝、茶、土糖等出口土货的买办收购网中，由于在定购契约和高利贷这两把利剑的逼迫下，在内地产地不要说最底层的蚕户、茶农和蔗农，就是一般的丝行、山客和糖坊在市场上都失去了讲价的能力，货价都任凭贷款方主宰。当这些土货出口物运抵通商口岸时，一般华商就更加陷入被洋行与买办宰割的境地。外国洋行那时凭借便捷的通信和交通工具，对各地市场了如指掌，同业洋行还暗中通气，达成某种压价的“默契”。对上市的土货“此一家未能买成，另一家绝不再购买”，迫使华商在价格上就范。洋行的买办也运用自己手中的权力，上下其手，从中说合，充当洋行的帮凶。像台湾台南地方的糖市，就完全由宝顺等几家大洋行买办所独占，没有经过买办的手，并接受买办提出的条件，土糖就根本不能售出。在汉口茶市，华商运到的茶叶想速售而受到洋行共同的压价，华商即使想转售他处，洋行也可利用便利的电信，“一日已遍划其价而一之，求多不可”，逼华商在物价上束手就范。这种情况，正如当时陈炽在《续富国策》中所指出的那样：华商“自有之货，不能定价，转听命于外人，每岁受亏，动辄百万”。

3 买办在外资企业中的附股活动

买办最早依附于外国在华洋行，并为其在中国的各种经济活动服务。所以，买办也最早熟悉和了解外国洋行如何进行资本主义的原始掠夺和资本积累的方式，也最早洞悉外国资本家发财致富的奥秘。

外国洋行早期的活动一开始就是一种综合性的经营，往往是什么能赚钱就做什么，哪怕是一种罪恶的勾当，所以连私贩鸦片、掠卖人口都是它们从事的勾当。此外，外国洋行进行的贸易需要各种各样条件的配合，例如要有航运业的发展来解决运输问题，要有保险业的发展以分担其经营的风险，要有银行业的配合来解决资金的周转和来源问题，要有码头堆栈业务的发展以解决商品的存放和流转问题。另外，因进出口加工业务的发展，相应的各种土产的加工业、船舶修造业和各种有利于改善外国商人生活居住条件的公用事业等都需要有相应的发展。这些外资投资的企业因为得到各种方便，且引进了当时比较新的生产技术，所以往往是市利百倍，这就引起了买办们的注意。从买办一方说，由于他们比较熟悉外国洋行的经营方式，而且又在其经营活动中以佣金等形式积累了一大笔财富，于是就开始了向外资企业的附股投资。

以外国资本经营较早的航运业为例，早在 19 世纪 50 年代，美国洋行的 50 万元的资本总额中来自广州伍氏买办家族的“长期贷款”就有 30 万元。《天津条约》

签订以后，长江航运开始受到外国侵略势力的染指。1861年上海的琼记洋行首先订造了一艘美国轮船“火箭号”从事长江航运，其10万元的投资中就有10%来源于华商。那时由于太平天国革命正在进行，长江航运货运价格高达每吨25两白银，客位每人75两。一条轮船往返一次的运费收入即可收回轮船的投资成本。旗昌洋行岂能放过这一赚钱的机会，于是在1861年就大力扩充资本，在当年的一次集资32万元的活动中，旗昌老板金能亨自己仅出资2万元，其余一半都是上海华商的投资，其中就有广东籍买办阿润、昌发、顾丰新，湖州买办陈竹坪等。在以后一年的招股活动中，旗昌洋行老板金能亨又招足了100万两的资本，其中六七十万两都是买办商人的投资。这样，一家名叫旗昌轮船公司的航运企业终于在1862年3月正式开业了。至1866年，旗昌轮船公司就控制了长江贸易的三分之一到二分之一。在1867年，从事长江航运的除旗昌、宝顺和怡和等洋行之外，又诞生了一家名叫公正的轮船公司，它也是由于买办的大量投资而得以创立起来的。公司的华商股东中有广东大买办郭甘章、怡和洋行买办唐廷枢、公正洋行买办李松筠、宝顺洋行买办郑观应。到70年代，在旗昌轮船公司的资本中，华商股份进一步增加。在1874年，旗昌的买办商人资本达到60万两，单是顾春池、陈竹坪两个买办的股份就占20万两。另外，宝顺洋行买办徐润也成为旗昌的股东。

在80年代，外国在华航运业基本形成了怡和、太古两家轮船公司竞争的局面。怡和轮船公司由怡和洋行创办，其中华股占公司总额的一半以上。怡和轮船公司成立时共44万多英镑的开办资本中，只有21万英镑是在英国募集的，其余23万多英镑则是依靠东方的“本地资本”，例如香港怡和洋行的大买办何东就是新公司的大股东。据统计，仅旗昌洋行买办对近代航运业的投资就有21.5万两白银。

80年代以后，在航运领域还出现了一些所谓中外合股的轮船公司。在天津有天津大沽驳船公司，在上海有1886年和1890年成立的华安和鸿安轮船公司，都是名义上采取中外合股的形式。当然，在这种合股的轮船公司里，华商股东没有改变附庸的地位，像上述的鸿安轮船公司本身就开设在和兴洋行里，其管事人是一个在旗昌当过多年买办的钟其俊。

水运保险业是与航运业同时发展起来的。老牌的保险业——“谏当保险公司”在1882年资本扩充以后，就有大量华股进入。大买办何东在1884年还担任了谏当保险公司的董事和中国经理处的代表。在90年代，公司里中国的大股东增加到8个，其中就有何东的一个兄弟——怡和洋行买办何甘棠。类似的情况在扬子保险公司、保家行、香港火烛保险公司、华商保安公司中同样存在。

外资银行早在40年代就进入中国。即使在这些进入中国的老牌外资银行中，一开始就有不少买办资本的参与。像著名的汇丰银行，在开始筹集股本之时就十分重视“华人股份”。汇丰银行的华商股东代表罗寿嵩就是汇丰银行的买办。在 90 年代成立的大东惠通银行的股东中就有汇丰银行的买办魏宝记、地亚士洋行的买办吴芝堂，他们就握有 1000 股的股权。

90 年代中日《马关条约》签订以后，外国资本在华设厂的势头大增。以棉纺织业为例，仅 1895 年上海就开设了老公茂纱厂、怡和纱厂、鸿源纱厂、瑞记纱厂 4 家英、美、德国资本的棉纺厂。但在这些名为外资的企业中都有不少买办和华商的投资，这一点可以从这些公司的董事会中都有华商股东参加中看出来。在怡和纱厂 5 名正式董事中华商占一名。在老公茂纱厂的 5 名正式董事中，中国董事占两名。在鸿源纱厂的 8 名正式董事中，中国董事就占了 3 名。在这些股东中买办自然是其主要人物。例如瑞记纱厂的两名临时董事中就有信义洋行的买办孙仲英和瑞记洋行的买办吴少卿。鸿源纱厂的董事朱葆三是上海著名的买办。

出口加工业中的缫丝厂也是这样。1861 年外国资本在华开设的第一个缫丝厂上海怡和洋行的纺丝局据说就有中国的合伙者。1877 年德商宝兴洋行在烟台开设了烟台纺丝局，1881 年改组时资本扩大到 10 万两，其中“准华商入股至十分之六”，进行这次改组扩资的一个主要人物就是怡和洋行的买办唐茂枝，改组后他任烟台缫丝局的总董。90 年代以后，上海又增加了不少外资缫丝厂，如 1891 年开设的英商纶昌丝厂、1892 年开设的美商乾康丝厂、1893 年开设的法商信昌丝厂、1894 年开设的德商瑞纶丝厂，这些缫丝厂名为外资企业，实际上是中外资本合资的产物。像瑞纶丝厂就是由瑞记洋行的买办吴少卿一手创办的。

在皮毛加工业中，1882 年改组后的中国制造熟皮公司也有很多买办商人资本的参与。像禅臣洋行的买办曹子俊、公正轮船公司的买办和股东李松筠等，都是参与新公司的著名人物。

在公用事业行业中，1882 年开始筹备的天津气灯公司（煤气厂）得到了怡和洋行买办唐廷枢的支持，他一开始就打算认股 3 万两，该公司于 1888 年正式成立。汇丰银行的买办吴懋鼎则是该公司的发起人之一。在上海，1882 年成立了第一家外资发电厂——上海电光公司，买办李松筠在 1885 年以前因有巨额投资一直担任该公司的董事，买办唐茂枝亦为该公司的大股东，并任股东代表。

在其他的工业企业中，买办附股投资的活动也同样普遍。如 1882 年成立的中国玻璃公司就是由唐茂枝等买办商人发起的。发起人中有另两家商号，其老板也都是买办，一个是上面提到的李松筠，另一个是协隆洋行的陈可良。在这家企业中投资的买办，还有著名的买办徐润、麦加利银行的买办韦文圃和柯化威洋行的买办郑秀山。在 1884 年，包括上述这些人在内的 10 名中国股东曾声称，在公司的 1000 份股权中，他们占有其中的 781 股。又如曾经创办了申报馆的美查洋行在 1889 年改组成美查兄弟有限公司时，也招募了不少华股。新公司的 4 名董事中就有一个是中国股东，他就是当过禅臣洋行买办的梁金池。在 1890 年改组成立的上海五彩画印有限公司 5 名董事中，中国董事就占了3名，其中曹子俊曾做过禅臣洋行的买办，陆敬南也是禅臣洋行的买办，袁承斋则兼任大福和广昌两个洋行的买办职务。

总之，在19世纪的华商附股活动中，买办的附股活动十分引人注目。在已查明有确切身份的47个华商大股东中，洋行买办有28个，几乎占60%。很多买办还同时附股于两个或三个以上外国企业，例如上面提到的李松筠、何东、徐润、吴少卿、吴懋鼎等，唐廷枢、唐茂枝则在5个外国企业里同时附股。唐廷枢在公正轮船公司、北清轮船公司和华海轮船公司中均兼任董事，据有显赫的地位。

4 买办参与经营的民族资本企业

买办任洋行雇员的同时，既有向外资企业投资附股者，也有自立商号，经营工商、运输、金融业的，或两者兼而有之。

买办经商，在洋行看来不但无可奈何，而且有时还要予以保护和给予方便。因为在很多情况下，这种行为还有利于洋行业务的开展。

洋行经营什么，买办近水楼台先得月，同样可以经营什么。以宝顺洋行的买办徐润为例，宝顺洋行贩销鸦片、收购丝茶，徐润进入宝顺后即自设绍祥字号和润立生茶号，借以包办洋行的丝茶生意；后又与人合开宝源丝茶土号，从事丝茶和鸦片买卖。在他刚离开宝顺后，他又开设了宝源祥茶栈，并在各产茶地区广设分号。此外，徐润还在上海设立顺兴、川汉各货号，经营烟叶、皮油、白蜡、黄白麻和各种桐油，并同时投资于元昌绸庄和成号布庄。著名买办唐廷枢在担任怡和洋行买办的同时，也经营棉花行和茶栈。怡和洋行买办林紫奎自己在沪拥有怡记丝行和清记仓栈。在19世纪60年代中期，由林紫奎经手的丝茶和棉花生意，总数达到1000万两白银。上海美商旗昌洋行买办龙平尧本身就是一个拥有平祥和瑞祥两个牌号的大丝商。买办顾春池的“顾记”牌号丝货亦远近闻名。

其他通商口岸的情况也同样如此。60年代天津旗昌洋行买办刘森就是一个拥有3家行号的业主。70年代天津沙逊洋行买办胡梅平在当地拥有3家鸦片烟行，一家糖行和堆栈，此外，他在张家口有收购羊毛的行栈，在上海还设立了用于周转生意的铺号。汉口宝顺洋行买办王恒山在当地开设了鸿遇顺茶栈。

买办不但自己可以开设独立的行号，借以包揽洋行的某些业务，有时还动用自己的资本以及行号和洋行老板进行联营，共同进行购销活动。例如怡和洋行的买办林紫奎就曾和怡和的老板签订联营合同，到产地进行茶叶收购。在70年代，唐廷枢曾和怡和老板合伙在镇江贩运大米1万担。天津旗昌洋行买办刘森与洋行还达成“一钱归我，一钱归旗昌”的共同分配协议。

洋行之所以支持买办的商业活动，这主要是因为这些商业活动会给洋行带来其他的业务。譬如天津旗昌洋行就借助刘森的私人业务带动旗昌在津沪之间的轮运贸易业务。在上海，仁记洋行之所以支持买办徐荫三开设茶栈，就是由于这个茶栈为仁记洋行的茶叶收购带来了方便。这种状况，对外商来说是“买办发财了”，“洋行也繁荣了”。而在买办看来，“为洋行赚了钱，也就是为他自己赚了钱”。

除了商业领域，买办几乎同时还将资本投向与其业务相关的其他领域。近代的轮运是商业贸易发展的产物，在70年代轮船招商局正式成立以前，不少买办就试图倡导建立中国的新式轮运业。担任过买办职务的容闳早在1867年就倡议成立一个资本达40万两的轮船公司。曾任大英轮船公司买办的广东人郭甘章，70年代初就在香港拥有多艘轮船。所以在轮船招商局成立以后的增资活动中，买办出身的商人就踊跃参股。在第一期100万两资本中，徐润一户就占24万两，唐廷枢也至少有8万两。汉口琼记洋行的买办刘绍宗也是轮船招商局的重要股东。据统计，截至1893年，买办们在民族资本的8家轮运企业中的总投资为106.7万两白银，占投资总额的54.5%。

在与航运业关系密切的保险业中，买办的投资同样十分踊跃。在中国最早的自办保险公司仁和、济和以及后来合并成为仁济和保险公司里，除了徐润、唐廷枢的股份外，上述的琼记洋行买办刘绍宗，以及麦加利银行买办韦华国、柯化威洋行买办郑廷江、汇丰银行买办唐国泰都是这些保险公司的重要股东。

中国传统的金融机构钱庄是买办投资的主要对象。徐润在任宝顺洋行副买办时就已同别人合伙一起开设了敦茂钱庄，以后又与人合开了协记钱庄，资本6000两，同时他还向上海的8家当铺投资。在70年代，敦裕洋行买办严兰卿在上海开设了镇昌钱庄，后来又在苏州、上海等地经营了七八家钱庄，而且大多是独资开设的。汇丰银行买办席正甫1887年与严兰卿合伙开设协升钱庄。天津沙逊洋行买办胡梅平投资上海天源钱庄。德华银行和花旗银行买办许春荣在60～70年代就曾开设过7家钱庄，1892年又与别人合伙开设资本达2万元的宏大钱庄。此外，他还与镇海叶氏家族合开过余大等4家钱庄。买办对钱庄的投资既加强了他们同高利贷资金的结合，而且在资金周转方面大大方便了他们从事的买办活动。

近代房地产业随城市的发展而兴起，这也是买办投资的重要对象。买办徐润听从宝顺洋行大班韦伯回国时的赠言，凡十六铺、南京路、福州路、河南路、四川路及新老北门直至美租界各地段，“尽可有一文置一文”。于是徐润广置地产，造屋5888间，另外还置地3000多亩，共花费223万两。20年以后，徐润的这些地产已值1500万～1600万两，增值6倍。又如法商立兴洋行和东方汇理银行的买办刘人祥在汉口租界外广购土地，将沼泽地“整理为繁盛之市街地，用致巨万之富”。

在陆上运输业中，近代铁路的兴建也与买办有关。中国第一条自办的专用铁路——唐胥铁路，自始至终都是在唐廷枢的主持下完成的。

在近代通信事业中，我们也可看到买办活动的踪影。1882 年成立的上海电报总局，是由原太古洋行的买办郑观应主持的，他还是电报局的主要投资人。

近代新式工业也是买办投资的重要方向。中国第一家机器棉纺织厂——上海机器织布局里，就有不少买办参与该厂的创建和投资。太古洋行买办郑观应任织布局的会办，他的 3 名帮办中一个是庚和隆洋行的买办唐汝霖，另一个是太古洋行的买办卓培芳。机器织布局在 80 年代面向全国招收股份，它在全国各地设立的股银代收处竟有 3 个是设立在外国洋行里，显然这 3 处的招股人本身就是洋行买办。据对 1890 ~ 1910 年间中国创办的 27 家民族资本纱厂的统计，其中 8 家由买办商人发起并出资，投资额达 419 万元，占总投资额的 23.2%。在机器修造业中，70 ~ 80 年代上海均昌船厂就能自造小火轮，在 1882 ~ 1884 年间，先后制造了“犀照”、“兆昌”、“江练”、“淮庆”等 6 艘轮船。其业主李松筠就是曾任公正轮船公司的买办。上海较早的华商碾米厂——源昌碾米厂是由怡和洋行的买办祝大椿创办的。上海最早的机器面粉厂——裕泰恒火轮面局的创办者是协隆洋行的买办陈可良。中国第一家民族资本造纸厂——上海机器造纸总局的主持人是禅臣洋行的买办曹子俊。

近代采矿业是一个投资巨大的行业，其中买办的投资也十分活跃。1877 年开办的安徽池州煤矿，一开始也是由汉口宝和洋行买办杨德（明轩）和大买办徐润投资的。中国近代开采规模最大的开平煤矿曾由著名买办唐廷枢主办，为此他在上海集资100万两，其中买办徐润一人单独投资15万两。徐润还在盛宣怀经办的金州煤矿投资5万两。据对1863～1886年间开掘的10个煤矿的统计，买办的投资额达2295804两白银，占全部投资额的62.7%。

5 买办在社会、政治领域里的活动

买办在经济领域里活动的拓展自然加强了买办队伍的力量，加上买办资本的积累和买办社会地位的提高，在19世纪下半叶，买办势力有日益向各种社会活动领域，特别是政治领域扩展的趋势。

由于买办在本行业的重要地位和重大影响，所以在19世纪中叶以后，不少买办都参加了本行业的公所，并在其中担任要职，取得了领导地位。例如徐润、唐廷枢都曾因为其买办职务当选为丝业公所、茶业公所、洋药局的董事。天津洋行的买办沈子云、公平洋行和新时昌洋行买办杨海泽曾先后担任上海丝业公所的总董。汉口茶叶公所，是由湖南、湖北、江西、广东各茶业行公推的宝顺洋行买办盛恒山主持。天津泰来洋行买办王铭槐曾倡办浙江会馆、义园和同年会，以提携同乡，培植自己的势力。

除了向原有的行业公所渗透外，由于买办队伍的壮大，在一些通商口岸还出现了一批代表买办和买办商人的组织和集团，它们可以分别对某个行业或某些地区具有不同程度的垄断作用。像当时垄断上海、镇江等地鸦片贸易的，就是上海鸦片业中一伙潮州买办组成的“潮州帮”。在汉口，开埠以后也有过一个由广东籍买办组成的组织，它设有主席一人、副主席一人及若干职员，他们在固定的集会场所定期集议，协调各自的行动。那些非广东籍的买办均不得参加。

由于买办控制了公所的领导权，实际上掌握了这一行业的交易。像上海和汉口的茶业公所就可以控制沪汉之间长江一线广大地区的茶叶贸易，两地公所互相联络，遥相呼应。汉口的公所可以“会同上海董事，互为维持”。

19 世纪 60 ~ 70 年代以后，洋务运动兴起，洋务派官僚为了开办企业，招雇洋匠，购置机器，制造船炮，处处都需要买办力量的帮助。于是，买办力量又得以侧身于洋务派的行列，并受到洋务要员的宠信。1863 年，曾国藩、李鸿章为筹建机器局，遍求洋务人才，首先物色到的就是任过琼记和宝顺洋行买办的容闳。容闳入幕曾国藩以后，马上被授予五品军功，并得戴蓝翎。随即曾国藩便委派他携巨款出洋，赴美国采购机器。1865 年回国后，曾国藩又上专折帮他请奖，后朝廷又破例授予他五品实官。以后，他又以候补同知的资格在江苏省行政署充当译员，月薪高达 250 两。连容闳自己也说：“若以官阶论，当日之四品衔候补道，无此厚俸也。”

另外，一些买办人物更利用洋务运动开展之机捐买官衔。唐廷枢以怡和买办的身份取得了福建道的官衔，其兄弟唐茂枝则捐了一个五品，也在怡和洋行里担任买办。买办徐润先是在李鸿章1862年抵达上海急于筹措饷需时，由监生报捐光禄寺署正，1863年又在江南粮台报捐局加捐员外郎，并加捐花翎。1865年，他又趁制造局开创的机会，在李鸿章的皖营捐输分局报捐员外郎，分发兵部学习行走。一年以后，李鸿章出面为他“奏保四品衔”。据《商埠志》的记载，在1900年前后，上海的40个著名买办中，至少有15个买办已捐有候补道台的头衔。

19世纪60年代，在一些封建官僚的眼中，洋行买办仍是一种鄙贱的职业。但在事实上，封建官僚和洋行买办这两个不同的社会阶层却在洋务运动中一步一步地联合在一起。向洋务派官僚靠拢，向封建社会政治领域渗透，是当时买办势力向政治领域扩张的一个重要途径。

到80～90年代，买办的社会地位已经十分显赫，中日甲午战争后，清政府面临着东西方列强在各通商口岸开设企业的棘手问题。为了应付这一局面，两江总督张之洞命令上海知县征询上海九名“大商”的意见，其中就有五人是洋行买办，他们是郑观应、叶澄衷、许春荣、杨兆鳌、朱葆三。

四　买办制度种种

1　“内地购销”

近代中国早期，外商在内地的活动是受到一定限制的，而买办作为一个中国人则可以不受这种限制。这样，外国商人往往就借助于买办这种内地购销的自由来进行活动。买办的一些业务职能多与其内地购销自由权有关。根据1843年中英《虎门条约》的规定，英商不能随意到内地游历，更不能深入内地进行贸易活动。因此，当时的洋行只能委托买办将现银或鸦片带到内地去收购丝茶。在19世纪50年代中期，怡和及旗昌洋行每年委托买办到内地收购丝茶的金额已达40万两白银以上，并发展到由洋行出资委托买办在丝茶产区开设丝茶栈就地收购。1854年，浙江嘉善的北门外，就有一个广东籍的买办开设了一家茶栈，拥有茶灶100多个，实际上这一茶栈的资本是由洋行支付的。因为根据条约规定，外商只能在通商口岸坐镇，不得进入内地。在1858年签订的中英《天津条约》中，由于西方列强的威逼，清廷放宽了外商进入内地的条件，允许“英国民人准听持照前往内地各处游历通商”，从此外人得以深入内地。但对外商要求在内地开设栈行的要求，清政府一直予以抵制。在1863年中荷《天津条约》和1867年中英《烟台条约》中，都明确规定外商“不准在内地开行设栈”。就是在1895年的中日《马关条约》中，清政府被迫同意外国洋行在内地“得暂租栈房存货”，但也只是“暂租”、“存货”而已。在1896年的中日《通商行船条约》中，清政府答应外国人在“居住地界之内”可以买房租地。所以，在整个19世纪，买办们这种在内地开设行栈、购房租地的“内地权”对洋行来说是十分重要的。

在早期的不平等条约中，外国商人还没有取得到内地游历经商的权利，而为了推销洋货，收购中国的土特产，他们甚至不惜把自己乔装打扮成中国人，在买办的引导下潜入内地市场进行活动。但在更多的情况下，他们还是借助于买办的力量深入内地市场，为洋行进行各种推销和收购活动。这就是所谓的买办“内地采购制度”。

2 “买办合同”

买办合同是洋行与买办签订的正式契约，买办的权利和义务，合同中均有详细规定。买办合同是买办制度的核心内容之一。下面是一张1891年天津宁通洋行与买办张松甫签订的买办合同全文：

美国公民麦克·加斯林（Mac Caslin）于1890年10月3日以宁通洋行的名义在天津开始营业，兹与一位名叫张松甫的中国人签订了下列合同。

凡是我在天津经营的买卖都将由他充任我的买办。

我们双方同意下列10条规定，在合同期间，任何一方如破坏这些规定，将付出天津纹银2000两的罚金。

第一条　张松甫充任买办，每月支薪50两，买办部门所需用的职员及各项开支由他自理。

第二条　凡属本行进口货物，如非签约定购者，买办应在4个月内付清货款，此项货物运到时，一切费用均由买办支付。

第三条　签约定购的货物应于货到一个月内付清货款，如在限期以前提货，买办须向银行提出保证，货到时各项费用由买办支付。

第四条　收购的输出货品，在装船时买办可按货价收款80%，其余20%从装船之日起4个月内结清；如逾期未付，买办有权加收利息；买办垫款在10000两以内，免收利息；10000两以上将按年利9厘计息。

第五条　每月对账一次，如一方对另一方负债时，所欠款项数目须掣给收据为凭。

第六条　如发现买办有任何舞弊中饱情形，应罚款2000两。

第七条　如果我在本合同期限（3 年）之内破坏协议，或者不经过他（买办）就在天津购货，我将付给张松甫（买办）纹银2000两。如果他破坏或不履行这个合同所规定的条件，他应付给我同样的数目。

第八条　我在租界所租房屋的租金应由我支付，买办垫付的房租记入我的账户作为暂欠。

第九条　买办可向土产出售人收受2%的佣金，对于售出的进口货，如果出售的利润允许我这样办，布匹方面我将付给他1.5%的佣金，其他进口货则付以2%的佣金。

第十条　对于由买办介绍给我的军用品、机器、木材之类的买卖，如果这些买卖的利润允许我这样办，我答应付给他1%的佣金。本合同自上述日期起有效期为3 年，满期时，一切账项必须结清。同时如果我认为合意，我有将本合同再延长3 年的优先权。

签字人　麦克·加斯林

买办签字

签约地点　天津美国领事馆

……

从上面这张买办合同及其他类似的买办契约中可以看出买办合同的一些基本内容：

(1) 外商从事在华的各种业务活动中，诸如推销商品、收购土产，一般都不直接与中国商人发生关系，而是通过雇用的买办担任中介。买办的这种中介地位，通过契约得到认定。

（2）外商与买办的权利和义务关系，一般都在买办合同中详细规定。买办的权利包括薪金、佣金比例及外商违反合同的赔偿等；买办的义务包括为外商垫付流动资金、负责支出买办间的开支，并规定买办在中介买卖时除规定的佣金回扣外，不得中饱私囊，违者处以罚款。

（3）买办合同一般都由外国在当地的领事过问，并向外国领事馆备案留存。由此，如果买办犯了罪，就可因其受雇于外商企业，在外国侵略势力的保护下逃避中国政府的制裁。

（4）有的买办合同还规定了买办必须向外商提供其他保证，包括保证金和信用保证等，以确保买办对外商的忠实服务。相反，外商则不必向买办提供任何其他保证。可见，买办合同在外商与买办之间，也是一种不平等的契约关系。为买办提供的保证金和保单也应该是买办合同的一个组成部分。请看 1859 年福州琼记洋行买办唐能的一张保单：

> 立担保单人亚杨，为因举荐唐能……承充买办，但行内事务或有亏空良（银）两系担保人填还。如有火烛贼盗与及异外等弊，即与担保人无涉。空口无凭，立单为据。
>
> 咸丰九年三月初一日立，担保人亚杨笔（签字盖章）

根据这张保单的内容，亚杨在为唐能充任买办作担保时，同时也负起了要为唐能失职时填还“行内事务或有亏空”银两的责任。

这种由契约合同规定下来的保证金制度，使买办承担了外商企业在经营中原应由自己承担的风险。例如1863年唐廷枢任怡和洋行买办时，代怡和洋行在上海订购棉花，在得到怡和洋行行东的同意并受其指令的情况下，付出了定金1.8万两白银。但后因受美国南北战争及英印棉荒的影响，上海棉价猛涨，每担棉花的价格从17两左右涨至22两上下，导致多数棉花行无力收购而纷纷倒闭。怡和洋行所付定金成为坏账损失。结果由买办林钦和唐廷枢分别负担了这笔巨额损失。那时，唐廷枢有6.2万两白银的保证金押在怡和洋行里。

为买办提供的信用担保也使洋行的经营风险得以转嫁到买办及其担保人的身上。例如徐润曾担保了他的儿子徐叔平在德商一家洋行里任买办，结果由于亏累巨大，徐润“致赔巨款，其数之大，骇人听闻”，一下子就赔出了五六十万两。郑观应曾为太古洋行买办杨桂轩担保10万元，结果杨桂轩因亏空身亡，诉讼官司打到香港官府，规定亏空由郑观应赔偿，不然郑观应得坐牢一年。此事弄得郑观应一时一筹莫展，最后以到处告贷借款了结。

由于担保人为买办提供了担保，他们自然也可以从被担保的买办那里获得一部分报酬，如买办年净收益的20%等。

有的买办合同中还规定了对买办活动的限制，借以保证买办竭尽全力为外国商人效劳。为了使买办的担保更加可靠，有的洋行还要求提供实物担保。在洋行看来，如果买办能提供外国租界内土地所有权的凭证——道契、证券或现金作抵押，那么该买办就可以取得洋行的足够信任。因为这种土地所有权凭证不仅价值高而且可靠，不仅可以用这些来补偿买办的亏空，而且可以此作抵押品，获得银行贷款。

买办可以离开洋行，但这必须是在买办合同期满之后。如果合同中没有订立服务年限，买办也必须在离开前几个月就告诉洋行老板。相反，如果外国洋行发现买办有不法行为或在效力中表现出懒惰，那么洋行可以在必要的时候解除买办的职务。买办一旦决定离开洋行，他就必须同洋行结清所有的账目，将洋行的印铃和账册交还给洋行。有时，买办在离开洋行时还要在报刊上刊登一个声明，既将自己离开洋行的事实告之社会，又将自己已同洋行结清所有账目，办理完所有手续的事实公之于世。同样，有的买办在新上任时，也愿意将他出任洋行买办一事公之于众，并将其买办间重要职员的名单一并公之于众。这既是一种宣传，也是买办开拓自己业务的一种手段。

如果买办是友好地离开洋行的，那他一般可以举荐他的后继者，或者为后继者作担保。这样，也就容易形成买办家族和同乡买办网。

买办同洋行签订合同，这也有一个历史发展过程。在70年代前，这种契约还比较简单，合同仅规定买办在“双方同意”的期间服务于洋行，没有写上具体时限。关于买办职责也只是笼统地规定要“尽其一切方法促进和辅佐洋行生意”。此外，还包括买办须预先征得洋行的同意才能经营自己的业务、买办间的人数和买办的薪金等。80年代以后，买办合同的内容逐渐详细和复杂，有关买办的职责、押金、薪金、佣金和买办间的组织等都有十分详尽的规定，并备有中英两种文本，一式三份，分别由洋行、买办和所属国领事各执一份。

3 买办的办事机构“买办间”

买办为洋行服务，绝不是单身一人。买办进入洋行开展其业务时，需要组织一个以他为首的服务班子，包括买办间的总管（有的称副买办）、账房、报关司事、购销司事、仓库司事及管门人、学徒、仆役和打杂苦力等，有的还要雇用一些跑街用来了解市场行情。副买办向买办领取薪金，是直接受命于买办的助手。还有一种人叫看银师，他们的薪金有的虽然直接向洋行支领，但常常是由买办来选雇。因此，看银师也是听从买办调遣的助手。看银师的主要职责是鉴定银钱的成色、保管现金等，但他们由于同钱庄有十分密切的关系，可以为洋行调拨一些资金，融通部分款项，所以也能受到洋行老板的青睐。但是由于很多买办同时也具备看银师的一些技能，所以买办的地位不是看银师所能取代的。至于一般的华籍雇员、学徒、仆役等都由买办决定雇用，其薪金也全由买办支付。这些人员都由买办为他们作担保，以效忠于洋行。买办间的雇员数量完全视洋行和企业的大小而定，以银行为例，像华比、荷兰等小银行的买办间职员一般在10人左右，而汇丰、麦加利等大银行则多达50人左右。有的时候，例如1860年，琼记洋行香港总行外国籍的行员不过8人，而买办间则雇有30个人。琼记洋行上海分行的外籍行员只有6个人，而买办间的雇员却达到20人。琼记洋行广州分行的外国籍行员仅为1人，而买办间的雇员却有20人之多。而且由于买办间的买卖中介作用很大，以致有的外国人把买办间叫作“买办公司”。由于洋行和企业的业务性质不同，进出口洋行、银行、保险公司、轮船公司等各自买办间雇员的职能和专长也不完全相同。有些职责是一般买办间所共有的，如对客户和钱庄庄票的信用进行担保、经管洋行银库等。而进出口洋行的买办间侧重于商品货物购销，银行买办间侧重于汇兑业务，保险公司和轮船公司买办间则侧重于招徕和揽载业务。

洋行的规模越大，所需的买办也越多。大洋行的总行设置了买办，洋行在各口岸设立的分支机构也各自设置了自己的买办。洋行开设的附属企业，同样必须有自己的买办以开展自己的业务。这些买办都各司其职，为洋行老板效力。在一些经营轮运业务的洋行和外国轮船公司中，甚至每艘轮船都雇有自己的买办，以开展揽载业务。这些买办都由洋行的总买办统管，接受总买办的调配。像旗昌洋行的总买办刘森及宝顺洋行买办徐润都可调动他们下属的其他小买办。

由于买办雇用的人员都集中在一个或几个房间里办公，这些房间也就被人们称为“买办间”，开始时买办间一般都设在洋行和企业建筑的后部，或者辅助性建筑内。后来，有的买办间也设在洋行和企业的主楼内。这些买办间往往都邻近洋行和企业的银库或仓库。一般说来，在洋行大楼的内部，买办间通常设在大楼的底楼，而外国老板则在二楼办公。例如上海的琼记洋行，买办间就设在主楼里，它紧挨着洋行的银库和茶叶间。买办间的位置实际上也反映了买办在洋行的地位，这些“高等华人”在洋人面前，始终是处在低人一等的地位。

买办间职员的雇用由买办决定，并由买办作担保，其所有的开支一般都由买办支付。买办则一般在其薪金中划出一部分来作为买办间职员的薪俸。买办和这些职员，组成了一个一定程度上独立于洋行和外国企业的部门，所以买办间也被时人称为“商行中的商行”。

五　甲午战争后买办势力的增长

1 外国资本主义对华经济侵略的加深

19 世纪最后 30 年资本主义列强的竞争加剧，资本主义生产从“棉纺时代”进入了“钢铁时代”。生产和资本的集中导致了垄断组织的出现。1896 年，德国已拥有 250 个卡特尔，1900 年，美国也拥有 185 个托拉斯。19 世纪末 20 世纪初，垄断组织已在一切发达的资本主义国家成为全部经济生活的基础。垄断逐步代替自由竞争，资本主义进入了帝国主义阶段。

这时，资本主义国家的国内投资场所已很少，为了追求最大利润，它们加紧争夺国外销售市场、原料产地和投资场所，争夺势力范围，从经济上乃至领土上瓜分世界。它们对中国的侵略已不限于攫取一般的经济权益，而是要瓜分中国，建立独占的市场和自己的殖民地。从 1895 年至 1899 年，差不多整个中国都被帝国主义划分了势力范围：长江流域、西藏是英国的势力范围；东北、蒙古以至长城以北是俄国的势力范围；两广、云南是法国的势力范围；山东是德国的势力范围；日本割取台湾、澎湖列岛，并获取了福建的权益。美国当时忙于同西班牙争夺菲律宾的战争，没赶上这场争夺势力范围的斗争。于是它利用帝国主义国家间的矛盾，提出“门户开放”政策，要求各国在华势力范围互相开放，使自己也能享受特权。进入20世纪后，随着帝国主义经济政治的不平衡发展，列强又在中国开始了重新划分势力范围的斗争。

甲午战争后，外国资本主义进一步促使中国的对外贸易殖民地化，中国的对外贸易额也在此时迅速增长。1914年进出口总值达9.25亿海关两，比1894年增加2.19倍，其中进口净值增加2.51倍，出口值增加1.78倍，而甲午战争前20年，贸易总值仅增加了1.2倍。出口值的增长不及进口净值的增长快，导致入超逐年扩大。1894年入超约3400万海关两，1914年达21301万余海关两，增加了5.26倍，是中国近代外贸自1877年开始入超以来增长最快的时期。

资本主义列强用武力和不平等条约强迫中国开放通商口岸，并利用通商口岸的特权进行不平等贸易。甲午战争前中国有通商口岸35处，1895~1914年开放商埠53处，以后又增开10余处。上海、广州、天津、青岛、大连成为中国五大商港。

甲午战争后，贸易量扩大，新品种增加，但出口农产品和原料、进口机制消费品的殖民地外贸商品结构并没有改变。

进口商品中，早期占最大比重的鸦片到1914年已为数不多。棉纱和棉布仍是重要的进口商品。此外煤油、钢铁、机械、铁路材料、交通工具占有一定比例。

出口方面，传统的茶、丝仍是重要出口品，共占出口总值的25.8%，但茶叶出口已出现衰退，由1894年的186万余担降至1914年的149万余担。棉花由净进口变为净出口，表现了输出棉花，输入纱、布的殖民地贸易形态。东北的大豆、豆油、豆饼出口值由1894年的303万海关两增至1914年的5400万海关两，占出口总值的15.2%。这一时期开始出口的铁、锡等矿产品1914年值1900万海关两，占出口总值的5.3%，虽数量不多，但加深了我国经济的殖民地化。

甲午战争后进口商品总值中，生产资料所占比重由1893年的8.4%增加到1920年的28.5%，其中机器及大工具由0.6%增加到3.2%。同时消费资料所占比重从91.6%降至71.5%，反映了甲午战争后国内工业有所发展，同时与外国资本的输入有关，但进口以消费资料为主的格局并未改变。

中国出口商品以农产品为主。其中原料品的输出由1893年占出口总值的15.6%增长为1920年的36.4%，半制成品出口比重由28.5%降为20.5%，制成品出口比重由55.9%降为39.5%。我国的出口商品原以茶、丝制成品和半制成品为主，1873年占出口总值的97.4%，20世纪逐渐向棉、豆、花生、桐油、猪鬃等原料品转移，到1920年原料已占40%，制成品和半制成品降为60%。不过制成品及半制成品中的机制品在 1920 年已占 20.6%，出口的矿产品中，机器开采已占较大比重。

中国进口货的来源和出口货的去向常以列强在华势力的消长为转移，这是中国外贸半殖民地性质的又一表现。

1894～1914 年，英国在中国外贸总值中的百分比从 69.49% 下降为 48.31%，日本所占比重从 6.26% 急剧上升为 20.39%，美国基本维持原有地位，法国和德国有所增加，反映了列强在华势力的消长变化。

甲午战争后至 1914 年，外资入侵加深，外资企业得到大发展，除了铁路、矿业、纺织工业等新兴部门外，主要是在原有的金融、保险、贸易、航运、工业和公用事业内扩张。

1894 年各国在华的企业投资估计约 1.09 亿美元，1914 年的企业投资约 9.615 亿美元，增长了近 8 倍。其间运输业投资由 1330 万美元增长为 33560 万美元，其中 29200 万美元是铁路企业投资，增长了 24 倍。公用事业投资从 100 万美元增为 2660 万美元，增长 25.6 倍。

外资入侵的加深与帝国主义日益注重资本输出有关。甲午战争前，国际资本主义处在以商品输出为主要特征的自由竞争时期，它们通过商品、鸦片输出在华获取高额利润。它们在华设立贸易行、银行、航运公司、工业企业等，主要目的是开展商品贸易服务，其中银行和工业的地位亦无足轻重。1900 年前后，资本主义进入帝国主义阶段后，它们为输出过剩资本、掠夺他国财富、获取最大限度的利润，对中国进行了新的侵略活动，以攫取有利于资本输出的特权。

甲午战争前，外商在华陆续设立了100多家工业企业，但并无条约依据，只是由于清政府的无能才让外商得逞。甲午战争后，中日《马关条约》规定日本人可在中国通商口岸城邑设厂，其产品与进口洋货一样享受内地推销特权和减免内地各税的优惠，从而进一步打击了中国土货，抑制了中国资本主义的发展。由于片面的最惠国条款，其他列强同样享有在华设厂权。1902年中英《续议通商行船条约》规定外国人可通过中外合资在内地设厂，1946年中美《友好通商航海条约》规定整个中国均对外开放。

从19世纪50年代起，外商利用买办和华商的借款，以借款、合办等方式在台湾、东北、四川、云贵及内地非法采矿。1895年法国首先取得两广、云南的开矿权。1898年，德国取得胶济、沂莱铁路沿线30里的采煤权，俄国取得南满铁路沿线的采煤权。1901年俄国取得吉林境内中东铁路沿线30里的采煤权，次年又取得黑龙江境内中东铁路沿线30里的采煤权。英国、比利时、法国等国也获得过铁路沿线的采矿权。可见采矿权与铁路权关系密切，二者同属列强势力范围的内容。

在1898~1899年列强掠夺采矿权的高潮中，英国获山西五府县、四川煤、铁、石油采矿权和河南怀庆黄河以北的采矿权。1902年又掀起掠夺矿权的高潮，列强争夺东北、西南、西北部矿权，矿种渐趋于金属矿。1895～1914 年列强通过约章掠夺中国矿权共约 40 起，期限 20～60 年不等，矿区遍及 19 个省区。另外 1900 年英商趁八国联军占领天津之机，以欺诈手段占有开平煤矿，后焦作、井陉、滦州等几乎所有华人经营的大煤矿陆续以“中外合资”名义沦入列强之手。

2 买办队伍的再扩大和新买办的来源

1895～1920 年，随着在华外商企业的发展，买办队伍再次迅速扩大。

据海关统计，1875 年在华外商企业有 343 家，1895 年有 603 家，19 世纪末有 933 家，以后外商企业迅速增加。外商企业中最大部分是贸易商。1895～1920 年我国进出口贸易额约增长 3 倍，而同期在华外商企业却增加了 11 倍多，20 年代初达 9511 家。

外商企业数的增长超过贸易额增长的主要原因是甲午战争后，日本帝国主义在华势力的迅速扩张，在华日本洋行的骤增。甲午战争前，在华外商以英、德、法为主，日商总共约 30 家。1897 年为 44 家，以后得到迅速增长。1900 年为 212 家，1905 年为 729 家，1910 年为 1601 家，1920 年达 4278 家，占当时在华外商总数的 58%，比 1897 年增长了 96 倍多。日本外贸商的特点就是以小型企业为主，这与其近代经济发展的情况相关。

随着贸易方式的变化，西方小型贸易洋行也在增多。早期来华的贸易洋行多从事银货交易，自购自销，甚至自备海船，投资量大，外贸被少数资本雄厚的大洋行垄断。19 世纪 70 年代后，苏伊士运河的开通使贸易路线大为缩短，电信、银行信用的发展，使信息、资金周转加快，导致小型贸易商兴起。20 世纪后银行押汇已成通行的贸易方式，代理制盛行。代理洋行或代理国外厂商购销业务，收取回佣，或向华商收取定金，代办进口，都无需大量垫支资本，于是小洋行以至皮包公司如雨后春笋般地迅速出现。

另一方面，20 世纪后许多进出口商品逐渐发展成大宗商品，英、德、法等国的老牌大洋行为适应业务需要，按经营商品分设不同部门，除设总买办外，各部门也设买办。如怡和洋行 20 年代前后设有进口、出口、机器、五金、木材、皮毛等部及丝楼、茶楼，还设打包厂、保险部、船头房、仓库码头，经理的轮船公司拥有许多江海轮船，几乎每个部门都设有一个买办。德商礼和洋行设有五金、光学、皮革、保险、杂货等部，买办人数亦有增加。

外商企业增多，大洋行业务扩大，买办人数也随之增加。如以 1919 年在华外商 8015 家为标准，平均每家先后任用正副买办及各种专业买办 5 人，则曾任买办的总数已达 4 万，即为甲午战争前买办人数的 4 倍。有人估计 20 世纪 20 年代平均每家洋行雇有买办 10 人，买办总人数约 10 万人。

这时期买办人数成倍增加，那么新增的买办是从哪里来的呢？下面举几个著名买办的例子即可见其大致来源。

在通商口岸与外商交易的华商是买办的一个重要来源。著名大买办虞洽卿由跑街（旧中国工厂、商店雇用的推销员，或银钱业、保险业兜揽业务、调查行情的人）成为买办。虞是浙江镇海人，出身于商人家庭。15 岁来上海，在一家颜料庄当学徒。一次这家颜料庄在西餐馆请一个德商洋行的买办吃饭，虞洽卿在服侍之余，深为买办豪华举止所动，立志要当一名买办。不久他被提升为颜料庄的跑街，白天与商界名流接触，熟悉外贸情况，晚间学习英文，同时自己囤买颜料。1892 年以进口颜料、五金为主要业务的德商鲁麟洋行开业不久，为打开局面，欲物色一个有业务能力的华人来帮助。经同族人、礼和洋行颜料部经理虞香山介绍，虞洽卿到鲁麟任跑楼（副买办）。他谙熟推销业务，经营有起色，不久即被提升为买办。后离开鲁麟，先后任华俄道胜银行、荷兰银行买办。他又独资开设钱庄、惠通银号，发起组织四明银行，与人合设宁绍轮船公司、三北轮船公司，成为著名实业家。朱葆三由经营进出口贸易商行当上买办。他是浙江定海人，1862 年 16 岁时到上海，后设新裕商行，经营进出口贸易。他曾任平和洋行买办、华安人寿保险公司董事长，华兴水火保险公司、通商银行、法国东方航业公司、汉口及广州自来水公司董事，还投资中兴面粉厂、华商上海水泥公司等。

外商企业学徒、雇员、杂役经外商选拔，或由老买办推荐任买办。吴懋鼎，安徽人，出身于商人家庭，是天津早期著名买办。他原来是上海一家外轮的跑街，后在上海汇丰银行赶马车、当雇员，而后又被荐为汇丰银行天津分行买办，至1904年离开汇丰。他曾在天津气灯公司、新记地产公司、中国投资公司等企业有投资，创办过北洋硝皮厂、天津织呢厂等企业。高星桥，曾开过煤厂、当过火车司机，后被介绍到德国人开办的井陉矿务局当司磅记账员。一个偶然的机会，其才能被矿局主持人、曾任李鸿章水师提督的韩纳根（Henne Ken）发现，将他提拔为矿局津保售煤处总经理，即买办。高的买办保证金10万元由韩纳根的岳母、德华银行大股东“德老太太”在德华银行作的保证。杨坤山由汉口英商和记洋行王买办介绍进和记鸡鸭厂当工人，因饲养鸡鸭成活率高，受洋人重视，1923年接任王买办职务，干了23年。第一次世界大战时期，汉口法商立兴洋行老职员范锦堂经手出口业务成功率高，该行经理梯·郭田让他当出口买办，还破例不要他提供保证金。

由外国人办学校培养买办。因当时工业发展，进口商品结构变化，进口的电机、仪器、化工产品等带有技术成分，旧式买办缺少这方面的知识。同时，像上海这样的通商口岸，新式学校已很普遍，外文和科技人才很多，因此有些洋行根据业务需要，聘请有一定科技水平、社交较广、推销能力较强的知识分子为买办，负责业务经营。如刘鸿生，浙江定海人，幼读私塾，后进圣约翰大学，读二年级时因故拒绝赴美留学，被迫辍学。1906 年 19 岁时到上海工部局老闸捕房当教员，教外籍巡捕学上海话。两年后到上海会审公廨当翻译，又在一家意大利籍律师事务所工作。他对这些工作都不感兴趣，认为没有发展。1909 年经人介绍进入开平矿务局（后扩大成开滦矿务局）上海办事处当职员。当时开平煤滞销，亟须中国人代为推销。刘以上海的老虎灶和长江流域各县窑户为对象，推销煤炭卓有成效。1911 年，刘 24 岁时被聘为开平矿务局买办，后又兼营煤号生意，在上海及长江下游各埠广设销售机构。第一次世界大战期间，开滦自备运煤船被英国政府征用，煤炭无法南运。刘租船运煤，时上海煤价正贵，刘获利甚厚，约 3 年积资 100 多万两。1924 年，开滦矿务局成立上海售品处，独家经销中国户籍用煤，售品处投资由开滦与刘鸿生各半，利润均分，至 1938 年抗战后才结束两者的关系，刘也因此有“煤炭大王”之称。严家淦，苏州洞庭山人。上海汇丰银行买办席家、中法银行买办叶家等是其亲友。1926 年严毕业于上海圣约翰大学化学系，在自家开设的钱庄经营一段时间，经席家介绍，于 30 年代初任上海德商孔士洋行机器部买办。严交游广泛，任买办时全力经营“政府贸易”，与国民政府交通部做大批交通工具、铁路器材、工矿设备、建设工程等生意，不几年赚了 20 万元。雍剑秋，原籍江苏高邮，幼年随家去香港，后考入新加坡大学。毕业后回国，任丰台站站长、天津造币厂副厂长。清末被北京德商礼和洋行、捷成洋行先后聘为买办，专与清政府和北洋政府做军火生意。他向陆军部次长徐树铮行贿，取得德国兵工厂出售军火的特权，做成大笔交易，成为名噪一时的“军火买办”。20 年代的“海上闻人”袁履登毕业于上海圣约翰大学，曾任德商科发药房买办、美商茂生洋行买办、美国烟叶公司华总经理。毕鸣岐，山东人，在德国教会学校读小学，后入济宁中西中学，该校课程以德文为主。毕业后在沈阳福康公司和德商礼和洋行任德文翻译，25 岁时被聘为哈尔滨德商福茂洋行华经理（即买办）。后任德华洋行、孔士洋行买办，直到 1945 年抗战胜利方结束买办生涯。陶听轩 1919 年离开上海圣约翰大学，不久任天津荷兰望赉水火保险公司买办，1927 年又任荷商德昌保险公司买办。

在买办高额收入的诱惑下，名门权贵子弟也有出任买办者，他们有活动条件，为外商所倚重。外商乐于聘用他们，通过他们收集官场政治情报。如两江总督沈葆桢之孙、贵州巡抚沈庆瑜之子沈昆山就担任了英美烟公司的买办职务。沈昆山曾留学英国剑桥大学，回国后在北京大学、北京市工务处、北京电车公司等处工作，凭借先辈的关系，与北洋政府的官僚有不少往来，但并不很得意。1922 年他被英美烟公司高薪聘为顾问，实即买办。公司通过他探知一般洋人不能了解的官场消息。沈昆山竭力为公司出谋划策，后任公司董事和所属地产公司的总经理。

外国资本主义对华经济侵略的加深使外商在华企业迅速增加，买办的人数亦相应增加。利之所趋，只要条件适合，如有推销采购能力、有科技知识、有某一方面的特长、有熟人推荐、有保证金等，商人、学徒、雇员、杂役、文人、学生、贵胄都可当买办。

3 甲午战争后买办的收入和富有

甲午战争后随着买办队伍的扩大，买办的总收入比战前扩大了许多。拥资百万的买办也不下数十人，已非甲午战争前可比。我们先来看一下买办的薪水、佣金及其他收入的情况。

除了少数买办没有固定的薪水收入，一般买办都有相当的工资报酬。如德孚洋行经营染料的买办年薪约万元，他同时还任其他几家德商洋行的买办，另有收入。买办朱志尧1899年月薪100两，1922年为150两。法商在华最大的进出口贸易商行——上海永兴洋行总买办程崧卿年薪约6000两，买办吴伟臣1920年前后年薪约8400两，最多时约10万两。汉口英商和记洋行买办的工资600元，可买100石米。1926年后太古轮船公司华经理的月薪数百元至千余元。

买办除了薪金收入外还有佣金收入，如东方汇理银行买办朱志尧在其经手的票据中提佣金0.125%。有些买办靠成交的交易向外商和华商收取佣金，积累了大笔资产。如1900年左右，席锡藩在麦加利银行年佣金约3万两，在华俄道胜银行年佣金达10万两。1907年汉口礼和洋行出口部买办胡芑水年佣金4万余元。英美烟公司买办郑伯昭不拿薪金，但一年的佣金约40万~50万元，另加比这更多的外汇佣金，还可得到公司不公开的酬劳。刘鸿生 1911 年任英商开滦煤矿买办，销煤佣金有时每月四五万两，估计刘鸿生 1916～1929 年的销煤佣金近 200 万两。20 年代德商禅臣洋行进口部买办蒋文伟年佣金约 1 万美元。上海永兴洋行总买办程崧卿年佣金三四万两，1920 年前后买办吴伟臣年佣金约 10 万两。

除了薪金、佣金，买办一般还利用职务之便，有一些不公开的不正当收入。如汉口和记洋行买办杨坤山做假账，物品降价时虚报购数，涨价时少报购数，如此，年获利无数。20 世纪初怡和洋行总买办潘澄波常贿赂怡和沙厂栈房，向该厂兜售棉花，以次充好，以少充多，从中渔利。

买办一般还兼商人，其自营商业或投机等的收入也是致富的主要来源。如上海永兴洋行买办吴伟臣、郑钟汉、宣宝濂分别在买办间挂“永兴伟记”、“永兴汉记”、“永兴濂记”招牌开展业务，在转贷客户资金时低进高出，成为食利者。第一次世界大战时期，吴伟臣经营德国颜料，低进高出，获利数倍。汉口美最时洋行买办在军阀混战交通阻隔之际，将每担 5 元的芝麻加倍卖给洋行，仅此一笔交易就赚了 10 万元。花旗银行买办吴培初 1929 年用 50 万两银购进上海静安寺路（今南京西路）的地皮，一年后抛出，获利 60 万两。谦信洋行买办周宗良从事外汇投机，1 两兑换 9 先令 6 便士时购进，在 2 先令 7 便士兑换 1 两时抛出，一下赚了约 200 万元，他任买办 35 年，积资达千万元。瑞记买办吴少卿收购瑞纶丝厂后，每年能从该厂获利

50万两。天津汇丰银行买办吴懋鼎年收入20万~40万两。当然自营商业或进行投机，有时也会遇到亏损、破产，如1908年某洋人在上海虚设橡皮股票公司，发行股票，1910年7月该洋人卷款而逃，大批股民破产，钱庄、银行受累，东山席家与人合股的数家钱庄因此大半倒闭。

甲午战争后小洋行蜂起，贸易趋于分散，小买办人数增多。但原来的大买办、买办世家这时大部分仍然存在，还出现了一批拥资百万、数百万的第二代、第三代大买办。他们比以前的大买办更具有活力，更倾向于投资新式工商企业。他们的兴起、投资，更能说明这一时期买办经济势力的增长和他们的富有。

在上海，从19世纪末起历任鲁麟洋行、华俄道胜银行、荷兰银行买办的虞洽卿，在第一次世界大战及稍后一段时间，逐渐积累资本，仅在航运业中投资就有450万元，拥有宁绍、三北等轮船公司，控制四明银行，开设惠通银号及其他企业，成为宁波金融集团首领之一。新沙逊洋行买办沈吉成1906年去世，留有遗产500余万两及逢吉里、长吉里、永吉里等大片地产。从1911年起任开滦煤矿买办的刘鸿生，利用第一次世界大战期间南北航运困难造成的高额地区差价，租船包运包销煤炭，十多年积资180万两，先后设煤球、火柴、毛纺、搪瓷、水泥、煤矿等企业，1931年企业投资总额745万元，成为大企业家。从1910年起历任德商谦信洋行、德孚洋行买办的“颜料大王”周宗良，在第一次世界大战颜料价格飞涨中获巨利，控制着遍布全国的谦和颜料号，投资水电、银行等企业，购置大量房地产，据称积资达 400 万美元（约合法币 1000 万元）。此外美兴银行买办傅筱庵、日清轮船公司买办王一亭也是商界巨富。较早的著名大买办如怡和洋行的祝大椿、东方汇理银行的朱志尧、平和洋行的朱葆三等，此时也投资众多的工矿企业。其中祝大椿 1910 年在近代企业中的投资达 200 万两以上。朱志尧 1897 ~1910 年的工业投资额达 365 万元，占当时买办出身的资本家在民族工业投资总额的 11.09%，名列虞洽卿、祝大椿之后，位居第三。永兴洋行买办宣宝濂曾投资上海工商业、房地产业，新中国成立后资产约值百万元。花旗银行买办吴培初借买办之职及投机生意，曾拥有资金 200 万两。

在广州及省港地区，继早期汇丰银行罗寿嵩等人后，19 世纪末到 20 世纪初，又产生了香港怡和洋行的何东、何福，广州汇丰银行的陈廉伯，香港太古洋行的莫干生等大买办。何东从 19 世纪末起，历任香港怡和洋行、火烛保险公司、广州谏当保险行买办，是汇丰银行大股东和顾问。20 世纪后何东将怡和买办职位让与其兄弟何福，自己担任 18 家大公司的董事、经理，在贸易、海运、保险、土地、纺织、公用事业等行业中都有投资，并将其事业扩大到长江流域和东北地区，有“香港第一富豪”之称。莫家从莫仕扬开始，经过莫藻泉到莫干生，祖孙三代世袭太古洋行总买办。第一次世界大战期间食糖价格暴涨，莫干生大量囤积倒卖太古糖，两三年间赚得港币五六百万元，1931 年去职时，积资约1000万港元。

在天津，19世纪末20世纪初有梁炎卿、郑翼之、王铭槐、吴懋鼎“四大买办”。怡和洋行买办、高林洋行出口部买办梁炎卿全盛时财产达2000万元，是天津的“买办之王”，1938年去世后遗产还有1000余万元，其中约半数是股票证券。1921年天津太古洋行买办郑翼之家财达1000万元。他们之下又有德商禅臣洋行严蕉铭、法商永兴洋行叶星海、井陉煤矿高星桥等买办，都拥有资产数百万元。德商礼和洋行、捷成洋行军火买办雍剑秋，1910年后任职七八年间，单从军火生意上就赚了五六百万元之巨。

汉口的买办如俄商阜昌洋行、华俄道胜银行的刘子敏，法商永兴洋行、东方汇理银行的刘歆生，住友银行的周星棠，怡和洋行的黄浩之，和记洋行的杨坤山等都是巨富。汉口立兴洋行买办刘子敬1905年后在蛋厂、纱厂、油厂、钱庄等方面广泛投资，还拥有大量房地产，据说每月房租收入即有3万元，全盛时估计财产约有800万元，是汉口最大的资本家。

以上只是部分大买办的资本情况，当然并非所有的买办都能拥资百万。买办的财产不稳定，破产也是常有的事。如汉口的刘歆生1911年破产，亏欠500万两；刘子敬1927年破产，亏700万两。据有人估计，20世纪初买办年收入约1万～5万，还有自营收入，可购大米数千至两万担，当时工人的年收入约120元，两者差距悬殊，亦可知买办之富有程度。

4 买办的消费和买办投资

买办作为近代中国的富有者，有经济实力提供、支撑他们较一般人更为富裕的生活享受。20世纪后，有些买办的生活比他们的前辈更为奢侈。

怡和洋行买办何东从第二次世界大战前至50年代一直是香港首富，为给其孩子解闷，别墅里养了两匹马、两头骡子、两只羊、几只鹿、几头奶牛，还有金丝雀、鹦鹉、白兔、天竺鼠、长臂猿、黑猩猩、大龟、蜜蜂等，简直是个小动物园。何东一家主仆、家庭教师每年夏季要离港避暑，或去欧洲、或去日本、或去华北避暑胜地。1914年何东一家赴天津避暑，大火轮近一半的舱位都给何家包了下来。何东的私宅——何东花园是一座欧洲古堡式建筑，地处外国富豪集居地的山顶道偏僻的角落，外面看很平常，但由一条小山路走进去，里面别有洞天，一座三层楼的古朴建筑尽现眼前，占地面积达3万余平方英尺。

香港太古洋行买办莫干生，用食糖生意的暴利，以100万港元购地10万平方英尺，建成香港最豪华的英国皇宫式宅第，以致伦敦太古总行经理布朗参观后引起怀疑，派员查账，最后导致莫的去职。

德商礼和洋行、捷成洋行买办雍剑秋在天津建了富丽堂皇，完全欧化的西湖饭店、西湖别墅，还在北戴河购置大片土地，修建三处别墅，以及果园、苗圃和一条宽大的柏油马路，取名“剑秋路”。

汉口刘子敬父子兄弟不但建造了辅德、辅堂、辅仁、辅义、方正等里弄房屋，还在鄱阳街建富丽豪华住宅，宅内有球场、汽车间，设门房、账房，请西席，雇养花、养鸟、养狗、养马等专艺人员和男女佣人共30余人，每年九十月间在公馆举办一次菊花展会，招待亲友赏菊。每年农历五月端午节前后和八月中秋节前后，全家三分之二雇佣人员都随同刘家主人前往庐山公馆避暑。

英美烟公司买办郑伯昭占地50亩的花园洋房内，屋内设有私人游泳池，仅宅基就值100万两。郑伯昭私人雇用了8个俄国保镖，日夜保护着他。其子喜名犬，家中仅狼狗就养了数十条。

买办的财富除了用于生活享受，有相当一部分是作为资本投入到各种行业中去的。

这时，一部分买办资本仍然以股份形式投入外商企业，如怡和洋行买办何东，既是怡和轮船公司的大股东，又是华南最早的两家外国保险公司谏当保险行和香港火烛保险公司的股东。何东既是谏当的董事，又是这两家保险公司的中国经理处代表。

1930年雷麦调查了有华股的22家美国公司，其中3家华股超过50%，19家华股占2.8%～50%不等。1914年由香港迁沪的杨树浦纱厂（新怡和），华股出资约占实有资本的80%。

买办也有与外商合设商业性公司的，如英美烟公司买办郑伯昭开设的永泰和烟行，后改为烟草股份有限公司，英美烟公司占股51%，郑伯昭占49%，专门推销英美烟公司产品，获利极多。

除了在外商企业中大量附股，买办还投资中国人自办的企业。如20世纪初王一亭投资创办大达内河轮船公司。虞洽卿曾投资宁绍轮船公司、三北轮埠公司、鸿安轮船公司，成为近代轮运业的巨头。

交通运输中的铁路有些也与买办有关系。如1906年粤汉铁路成为私人合股企业后，郑观应和德忌利士洋行买办陈赓虞是两个最大的股东。轮船、机器修造业中，买办朱志尧投资开设了求新制造机器轮船厂。1890～1910年中国机器制造业资本中买办资本约占30%，同期中国27家大棉纺厂资本中买办资本占23.23%。

公用事业方面，王一亭曾是上海内地电灯公司的董事，朱葆三是汉口自来水厂和广州自来水厂的董事。叶澄衷创办了最早的火柴厂——燮昌火柴公司。怡和洋行买办祝大椿创办了上海首家华商碾米厂——源昌碾米厂。

有些外商银行的买办独资创办或投资金融业。如叶澄衷曾拥有108家钱庄，1896年又投资于中国通商银行。1906年王一亭与人合办信成商业储蓄银行（中国首家民办银行）。1904～1923年的汇丰银行买办席立功，与人合资开设久源、裕祥、正大等6家钱庄，在大清银行有1320股，每股100两，约占该行总股本的6.6%。有些外商银行的买办参与管理金融业或进行投机。如美商友华银行首任买办傅筱庵后任中国通商银行总经理。参与证券、金银、外汇投机的如1927年北京汇丰银行买办邓君翔从事“九六公债”投机，亏了数百万。商品投机有花纱布、粮食等投机。如抗战时虞洽卿投机洋米，从安南（今越南）运米到上海，获大利。

买办投资房地产也十分普遍。如原沙逊洋行买办程谨轩、周莲堂等，20世纪30年代程家地产总值接近于2000万元。买办刘歆生是汉口的“地皮大王”，1901年英租界当局在其地皮上筑路，以其名字命名了一条道路，后又建了歆生二路、三路。怡和洋行买办祝大椿、祥茂洋行买办陈炳谦、东方汇理银行买办朱志尧等人也是著名的房地产业主。荷兰银行买办虞洽卿的房产数量也很可观。英美烟公司买办陈伯昭投资地产获利超过1000万元，抗战前他在上海的地产价值达3000万元，他的昌业地产公司拥有上海里弄60余条，洋房100余幢，市房580多幢，曾是中国最大的地产业主，有“地皮大王”之称。

也有买办投资娱乐业的，如英美烟公司买办郑伯昭1925年在北四川路（今四川北路）建奥迪安电影院（今群众影剧院），1930年在汇山路（今霍山路）设百老汇电影院（今东海影剧院），在宁波路建新光电影院。

有的买办投资范围很广，从19世纪末开始，平和洋行买办朱葆三投资采矿、纺织、轮运、公用事业、银行、保险等业。工业方面有上海华商水泥公司、和兴铁厂、马来亚吉邦橡胶公司等十几家。航运业有宁绍轮船公司、大达轮船公司等十几家。公用事业有上海华商电车公司、上海内地自来水公司等，在定海、舟山、汉口、广州等地也有这方面的投资。金融业有中国通商银行、四明商业储蓄银行、浙江银行（即后来的浙江实业银行）、中华银行、江南银行等。保险业有华兴保险公司、华安水火保险公司、华成经保保险公司、华安合群人寿保险公司等。他还投资一些学校、医院及社会福利部门，如上海商业学校、上海公立医院、上海时疫医院、上海孤儿院及一些善堂、慈善会、公所、会馆等。德孚洋行买办周宗良配合洋行业务自营颜料、机器、药品等生意。1921 年投资两万元于浙江地方实业银行，投资二五库券。1928 年投资 50 万元于杭州电气公司，后投资 50 万元于汉口既济水电公司。独资经营周宗记、宗泰进出口行、镇东机器厂。与人合资经营信余汽灯号、如生罐头食品厂、宁波恒孚钱庄，投资中兴轮船公司、康元制罐厂、公和纺织厂、振丰毛纺织厂。周宗良的主要资金用于买卖外汇、金钞、德国工厂的股票以及购房地产、捐款医院等。周在南美、瑞士、德国等地也拥有产业。

六　买办制度的演变、变革形式及衰亡

1　买办制度的演变

五口通商时期，在口岸城市兴起的买办制度曾在扩展华洋贸易中起过重要作用，给外商带来巨大利益。但随着贸易形势的变化，原来的买办制度日益不能适应外商企业的需要，外商与买办的矛盾也日益加剧。

开埠初期，外商不了解货物向内地分销的情况，一切听凭于买办。如买办说某种货物不能行销，他的主人只能将这种货物更换掉。有很多样品来到中国，因被买办一语否定，就不能越出洋行的大门。外商如直接同内地华商贸易，除了受语言、商业习惯、地理、交通、条约规定等因素制约外，还要受到买办的百般阻挠。19 世纪 80～90 年代有些内地华商与口岸洋行建立了包销关系，不过大都是通过买办中介的，或由买办设立的行号包销。甲午战争后，帝国主义在中国瓜分势力范围，要求进一步扩大中国市场，向内地发展。旧的买办制度由买办个人承担洋行的全部商品购销业务，这时已不能适应帝国主义的要求了。与此同时，20世纪初，帝国主义列强又控制了各地军阀，政治势力深入内地，许多外商要求破除买办的阻力，与华商进行直接交往和贸易。

买办利用外商企业的资金和信用，投机中饱，营私舞弊，外商感到难以控制。早期华洋贸易中，买办利用中国市场和金融陋习获取差价、银色等额外收益。清末民初时局动荡，种种弊端愈演愈烈。1900年前后，汉口立兴洋行、东方汇理银行买办刘歆生在内地压价收购芝麻，高价卖给洋行，据云获利达50万两。汉口美最时洋行买办王柏年在北洋军阀混战中，利用交通阻隔，在农村收购芝麻卖给洋行，每担以5元进，以10元出，一次交易就获利10万元。买办往往还利用保管外商现金、票证的便利，私自盗用，一些著名的大买办也不例外。朱志尧任东方汇理银行买办期间，常将银行的库银临时调拨到自己的生意上去，还拖欠银行大笔资金，每到年关或知洋行大班要来查银库时，才急得像热锅上的蚂蚁，到处张罗借款，凑足应付。天津四大买办之一的王铭槐，保管华俄道胜银行银库，经常盗用整箱库银，俟每星期六洋人查库时临时借银装箱。后被一个觊觎买办职位的翻译向洋人告发，王的信用动摇，亏空达100多万两。1904年王被解除买办职务，幸赖宁波帮买办的支持，代他还了欠款。北洋军阀时期，北京金融界名人、汇丰银行买办郑君翔因投机公债亏欠汇丰库银120万元，被解除职务。天津大来洋行买办杨起麟，盗用洋行几万两存银被控于法院，判处徒刑，变卖家产赔偿。为此，1916 年大来洋行决定取消买办职位。

早期外商借助于买办，付给高额佣金，成为扩大贸易的主要手段，洋行和买办同样得利。稍后，外商站稳脚跟，就觉得佣金过高，侵占了自己的利润。某些买办骤富，更引起外商的嫉妒。为了限制买办的收入，有些地区或企业减少了买办的佣金。如 1905 年日商中石洋行中村荣与买办汪洪金订立合同，言明对微利商品，经双方合议，佣金随时酌定。香港太古洋行的买办佣金，19 世纪 70 年代开业时为 5%，20 世纪后借口营业额增大，减为 2%，1930 年骤减为 0.25%，1931 年干脆取消了买办制。

旧的买办制度日益引起外商的不满，而随着中外贸易的发展和变化，也逐渐产生了一些代替它的条件。原来买办的职能主要有三个方面：一是作为洋行与华商的贸易中介；二是经手交易，银钱往来，保证客户的信用；三是鉴定银色票据、保管现金货物、办理报关纳税及企业内部日常事务。随着商业和信用事业的发展，这些功能渐可用其他方式替代了。

首先是从事进出口贸易的华商日益增多，各种专业商人和内地分销、代理商也相继设置，使华洋直接贸易成为可能。有些中国商人还直接到日本等国办货，跳过买办和洋行以减少佣费。甲午战争后，帝国主义获得在华投资设厂的特权。第一次世界大战后，外商在上海投资经营的企业大量发展，外资企业需进口物资，或直接进口，或委托洋行进口，一般不通过买办。

英美烟公司20世纪初来华，不过10年即建立起全国的推销网，它在各地区的65家代理商中，除9家年代不明外，有25家是1905年前设置的，有30家是1906~1911年设置的。同时，外商企业经过几十年的在华经营，熟悉中国商情者日多。国民党政府机关和企业需进口货物，有的也直接和洋行大班洽购。如国民政府曾与美商茂生洋行直接接洽过大宗贸易。慎昌洋行大的交易如上海百老汇大厦、中国银行的设备均由洋行与承包的大工程行或大老板直接联系。小装修设备业务由跑街找打样的工程师，利用回佣等方法动员他们采用慎昌经营的设备。20世纪大量发展的华商进出口行经营的进出口业务更不需买办助力。有的外商还有计划地培训熟悉汉语、商情的人员，英国总会1915年在上海、1916年在香港开设了汉语学校。20~30年代，有些西方的行号要求职员参加汉语学习班，给考试及格者发放奖金，然后派到中国内地直接与中国代理人打交道。日本洋行尤具优越性，他们认为只要通语言、晓事势，初到中国亦可不用买办。银色票据的鉴定外人尚难掌握，但可雇用有经验的华人任会计、出纳，专责其事。买办的保证责任可用同样的方法或用保险代替。

买办在中国对外贸易中的地位也受到了中国新式银行发展的威胁。中国新式银行从1914年的17家增至1926年的102家，把旧式山西票号逐出了商业界。华商开始利用新式银行制度，削弱了买办原来为贷款提供担保的职责。银行能将个人放贷转变成银行放贷，且银行信誉可靠。30 年代的币制改革废除了名目繁多的银两计量单位，全国采用流通纸币。货币制度的简化，使买办作为看银师的职能又丧失了。买办的其他职能也能雇人完成，而无需买办总负责。

19 世纪末旧的买办制度适应领域相对缩小，就出现了废除、变革买办制度的各种试验。1899 年日本三井物产会社裁撤买办。在这之前，该会社先选日籍优秀人员为中国商事修业生，学习中国语言、风俗及一切商事习惯，已为裁撤买办作了准备。1907 年后，吉田洋行、横滨正金银行的在华机构均裁撤了买办。20 世纪初，英美烟公司直接与中国经销商建立业务关系。在第一次世界大战前，美孚石油公司各地分行雇用买办推销商品，战后废除买办制，雇用主持、经理。他们有薪无佣，管理业务不管财务。公司实行经销商推销制度。英商来华最早，实力雄厚，但在改革买办制度上持保守、观望态度。直到 1925 年，英国驻华商务官员麦克莱爵士才意识到在华贸易的性质已发生了变化，看到英商大行号正把货物直接运到中国内地。1926 年太古轮船公司才尝试将买办制改为华经理制，但船上的客货运业务仍采用买办包办制度。

甲午战争后的买办制度变革具有多种形式，即使宣布废除买办，也不是完全不用买办，其中有的废除后又有反复。1899 年三井物产会社宣布取消买办，但 1907 年仍用买办主持货币出纳与票据鉴别，仍雇用买办在台湾收购砂糖，与内地制糖业者交易。三井洋行进口棉布采用投标方式买卖，不用买办，但进口糖、出口丝、废花等部门仍用买办。1912～1924年丝楼买办为朱彦卿、金仰荪，1925年朱、金相继去世，由朱书绅继任。这说明三井取消买办可能一开始就有所保留，或后来又有反复。横滨正金银行上海分行取消买办后，对华商的汇票业务大受影响。后给华人行员发放手续费以鼓励招徕，但效果仍然不佳，1924年乃在汇票买卖上恢复了买办制。英美烟公司实行经销制后，买办亦未完全废止，其上海总公司及所属单位即有邬挺生等负责各项业务的买办十几人。美孚油公司实行统销制时，在各地设分支机构，派洋员监督各代销店。1918年后改变办法，在中国职员中培养了一批买办，逐渐接替了一些支店和办事处的洋员。

第一次世界大战后，洋行或洋行的某些业务部门雇用华人高级职员代替买办较为普遍，当时有些洋行雇用华经理，但实际仍是买办。买办制度如设买办间、由洋行支付工资、代理洋行买卖货物、缴付担保、担负风险、抽取佣金等仍然不变。一些大洋行一直保持着原来的买办制度，直到企业倒闭。如上海怡和洋行买办，20世纪由唐杰臣传至祝大椿，1913年由潘澄海继任，1928年由其子潘志铨接替，至1941年太平洋战争爆发，顾乾麟直至新中国成立后才结束买办生涯。法商永兴洋行老买办程崧卿1918年去世，由副买办吴伟臣接替，直到1946年吴去世，后汤拱裳至新中国成立后才结束了买办生涯。1904年，在上海汇丰银行当了30年买办的席正甫去世，由其子席立功继任，1923年由其孙席鹿笙接任，1937年后由龚子渔、龚星五父子先后接任，龚星五到新中国成立后方结束了其买办生涯。有些大洋行的买办在新中国成立后改称经理、协理等继续任职了一段时间。

20世纪以后，洋行改革买办制度，特别是改称“华经理”等，多半是由于近代中国人民反帝斗争高涨，“买办”名声不佳所致，买办本身也受到了启迪。如1923年沈燮臣就任美最时洋行、捷成洋行买办时提出必须以华经理名义就职。1925年“五卅”惨案后上海三菱银行买办胡筠鸾主动辞去了买办职务。1928年虞洽卿任上海荷兰银行买办已25周年，在为他召开的纪念会上，他径改称任华经理25周年。

20世纪后的买办制度主要出现了高级职员制、经销制、代购制、合伙制等形式，下面还要详述。还有少数买办离任后，利用原来与洋行的关系，再次变为市场上的掮客、经纪人，他们的佣金收入比原来的买办低，在进出口贸易中的作用也不及这四种主要形式。有些大买办后来投资工商业，逐渐转入了实业家的行列，成了民族资产阶级的一员。

2 高级职员制——买办制度变革形式之一

外商企业取消“买办”名义，雇用华人为高级职员。有的以华人为副经理，亦称“华经理”；有的雇华人为总稽核、会计主任、业务科长、大写等，有的雇华人为华账房主任。

将买办改为华经理的以英商为多，被雇者多具有一定的社会地位和活动能力，任职多年，双方关系较融洽。这类华经理中，有少部分聘用时不缴纳保证金，业务往来中也没有佣金。洋行取消这些买办制的内容，将其改为单纯雇聘性质的薪金制高级职员。

华经理中，相当多的是名称改变，买办制的内容不变或基本不变。如怡和洋行、太古洋行、老沙逊洋行、新沙逊洋行、汇丰银行等英商企业将买办制改为经理制。1920 年前后历任上海茂生洋行、美最时洋行、捷成洋行买办的沈燮成，改任华经理后，仍然是担保 5 万两，进出口取佣金 0.5% ~1%，遇有倒账需赔偿 25%。

雇用华人充任外商中、高级职员的以日商为多。很多日商通汉语，有些还在日本在华开设的同文书院读过书，对中国的风土人情、商业习惯较熟悉。一些日商组织通过调查深知客户的信用和推销能力，而雇用买办要支付佣金等费用，还受一定的约束，因此多数日商不雇买办，而雇用更经济、便利指挥、可随时解雇的跑街、高级职员、经手售货人等。许多日商洋行雇用的华籍高级职员也称华经理。

三井物产会社废除买办后，雇用华人为中、高级职员，这些职员的作用和任务是联系华商，并协调会社与华商的关系，调查华商的信用，在会社内经理货币出纳之事。横滨正金银行废除买办后雇用华人为出纳科副科长。第一次世界大战到 1926 年前后，日商三井物产会社的何耿星、东棉洋行的董钦堂、阿部市洋行的徐才源、伊藤洋行的徐义方、江南洋行的胡学俭、上海纱厂的顾辅堃等，都是被外商雇用的跑街或高级职员。他们除领取工资外，还按推销额分得佣金，一般棉纱约1%，棉布约1.5%，这种情况实际上仍然是买办性质，只是风险、责任有所不同。

卜内门洋行原经营石碱进口，他们不雇买办，仅雇高级职员和跑街。

买办制改为华账房起源于天津美商大来洋行。1916年该行取消买办，仍保留买办间，但名称改为"华账房"，华账房主任由原来买办间的职员孙捷三升任。该行对原来买办间的一些制度也进行了改革，如取消原来的包干贴费，一切开支由洋账房拨款，实报实销，人员多少由洋账房决定，他们与洋行的关系为纯粹的雇佣关系。华账房主任只领取薪金，取消原来的买办个人佣金。洋行为鼓励华籍职员的经营积极性，按营业额的0.5%提取佣金作为奖励，集体分配。华账房人员除经理洋行业务外不得经营自营业务。这样一改，买办间的名称、职能都起了变化，实际上，该行的华账房等于是一个业务科。据说经过如此改革，效果不错，以后不少新设的美商洋行也仿照办理，把买办改为高级职员，取消了买办原来是洋行商业代理人的职能，高级职员纯为雇佣关系，不得从事独立的商业经营，他们必须听命于外商，外商的佣金支出也大为节省了。但这样一改，同时对洋行本身的业务经营也带来了负面影响，甚至累及外商银行的经营。如计件工资性质的佣金制取消后，华籍职员的经营积极性亦随之降低，这使商品流通时间延长，经营信贷的外国银行业务减少，门庭冷落。因此，有些外商企业在取消买办制而使业务受影响的情况下部分恢复了买办、佣金制，或在固定薪金外再辅以低率佣金，但更多的是仍实行买办制。不过为适应社会潮流，将“买办”的名称改为“华经理”或其他名称，其他一概如旧。

3 经销制——买办制度变革形式之二

经销制也称地区包销制，就是把市场划分为大小若干地区，每一地区物色一个总代理商，包销公司的产品。然后再与下一级的经销商、批发商、零售商等建立销售关系，组成推销网络。

20世纪初，在华外商开始实行经销制，中国商家根据包销数量缴付一定的保证金，并按销售数额取得一定比例的佣金，不发生商品所有权的转移，即中国商家不必先将商品买下然后卖出。这里，中国商家实际上是代理中间商。

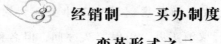

实行经销制的外商企业不是作为进出口中介或代理的商行，而主要是作为19世纪末20世纪初进入中国的国际性托拉斯组织的分支机构。它的特点是产销结合，商品种类简单划一。如经营煤油的美孚、亚细亚、德士古三大公司，经营纸烟的英美烟公司，经营肥皂的联合利华公司属下的中国肥皂公司等。这些公司都先后在中国物色了一批中国商人，建立起地区推销网，在很大程度上垄断了某种产品的中国市场。

美孚油公司是美国石油业的垄断组织，也是国际上最大的石油托拉斯之一，属洛克菲勒财团。1870 年由约·戴·洛克菲勒创办。最初它的产品输入中国是委托外商洋行经手转售给华商的。1894 年美孚在华设办事处。1906 年开始与华商建立经销关系，实行直接推销制。不久即在上海建立总公司（亦称总管理处），下设总务、会计、营业三部，并逐步在上海、南京、天津、青岛、汉口、广州设 6 个区分公司，在苏州、杭州、九江、长沙等中等城市设约 20 个支公司，分属各区分公司，形成了一套几乎遍布全中国的直属推销机构。

美孚油公司在各支公司以下，即为各级代销华商，包括地区总代销商，县城、大集镇代销商，总计全国约有 500 余个代销商。县、镇代销商再与基层零售商签约，建立业务推销关系。通过这种网状销售组织，美孚油深入全国城乡各地。至 1914 年，虽穷乡僻壤之人亦用美孚煤油点灯。1906 年后的 8 年间，美孚油公司在华交易额已达 100 万美元。

美孚地区总代销商多选择与帝国主义、军阀、官僚有关系的富商。美孚在内地的代销商，县、镇基层多选择酱园、洋纱号、米号、杂货店等充任。这些行店较有本钱，拥有栈房场地，多为地主开设，有田地契作保，受当地封建势力的保护。

总、分销店签约时，按美孚规定的金额押保，于签订合同时存入美孚公司，公司给予一定的利息。公司在地区常备几个月至一年的销售量，代销店每半月或一月向分支公司报销一次。所售货款在半个月内汇达公司可得约1%的奖金。代销佣金总代销店为2%～2.5%，分销店为3%～3.5%，公司另按销售量发给开支津贴和漏耗津贴，以及实报实销的电报、电话、汇费、文具等费用，年终按销售实绩付给奖金。遇有水灾火灾，代销店不负赔偿责任。代销店不得经营其他洋行的同类商品，有做好煤油的贮存保管责任，并保持销售量不低于美孚油在当地区域内市场的历年平均百分比。

英国的亚细亚火油公司和德国的德士古石油公司在华经销产品的方式与美孚大同小异，只不过经营的时间有先后，经销的品牌不一样，规模有所差异罢了。亚细亚公司的规模仅次于美孚，在我国许多大城市也设有分公司或办事处，还设有许多油栈、油罐、装听间和铜匠间，在沿江沿海还建有码头，以备油船停靠。该公司在中国实行划区经营，设有上海、南京、汉口、重庆、天津、青岛、厦门、广州、汕头、福州等区。仅在天津区的天津、北京、牛庄、郑州等地，就有油库3座、贮油站30余处、办公楼2座、加油站若干。除运销壳牌煤油及石油制品外，还经营白蜡和蜡烛等物。

亚细亚火油公司的买办分四种类型，即买办、代理人、油库买办和华经理。在外商不能设分公司的地方设代理处，其营业范围根据交通情况及营业状况划分，往往超过数县。代理处一般设有贮油站，煤油到站后交代理人保管经销。代理处的日常开支据营业额由总公司补贴。代理人按公司规定的价格销售，按件记佣，并且佣金较高，不受货价涨落影响。1916 年，孔祥熙设立了“祥记公司”，向亚细亚公司缴付了 25000 英镑的保证金后，便取得了山西全省包销亚细亚火油公司壳牌煤油的总代理权，他本人则成了亚细亚公司的“代理人”。祥记公司还经营碱面、白糖、洋蜡、肥皂等杂货，分销到山西各县。

英美烟公司由美国烟草公司、拥有英国资本的帝国烟草公司等 6 家烟公司于 1902 年合并组成，很快就取得了中国纸烟市场的垄断地位。它的纸烟开始委托老晋隆洋行、公发英行代理推销。1905 年授权老晋隆洋行为上海及附近地区的独家经销商。后在全国建立起一整套直属推销系统和华商经销体系，老晋隆洋行改营其他进出口业务。

英美烟公司的销售是按区域建立销售管理系统，其业务区域大体与行政区域一致。全国分为 5 个部。在省设区公司，在段（相当于专区）设办事处，在县设分段，部、区公司、段办事处、分段，环环相扣，组成一个全国销售网。部、区、段的数目屡有变动，如 20 年代以前共设香港、上海、满洲、汉口、天津等 5 个部，云南、广西、湖北、湖南、江西、河南、山东等 15 个区。1929 年调整为 6 部 16 区，每区约有 5 ~ 8 段共有 86 ~ 90 个段。

与英美烟公司销售机构并存的还有一个华商经销系统。这类经销商在上海称大同行（大批发商）、小同行（二道批发），在内陆城镇称大经理（大经销商，受段办事处管辖）、小经理（小经销商）。

大同行、大经理同英美烟公司直接签约经销，受其控制。他们必须执行公司有关销售牌号、价格、进销地区范围的规定，不准经营其他厂商出产的香烟。小同行、小经理独立经营，不受公司直接控制，是英美烟公司深入基层的重要环节。每段约有大经理10～14人，每位大经理又能吸引5～7位小经理，每位小经理又能发展零售商约10家。1923年英美烟公司在华代理商约64家，在近百个地区设肆经营，有些代理商还多处设店。1941年前后，上海部南京区有8个段，控制大经理87人，吸引了小经理508人。天津部有4区24段，控制大经理321人，吸引小经理约2000人，零售商约2万人。

为了保证货源供应、控制价格，英美烟公司在全国设有仓库系统，在通商口岸、大商埠、城镇遍设仓库。在一般城镇的仓库多由大经理兼营代管，习惯称“15甲级”（英美烟公司契约编号）仓库。兼管的大经理亦称“15甲级经销人”。

1918年后，英美烟公司与上海大同行郑伯昭合组永泰和公司，实行独家包牌经销取得成功后，英美烟公司为提高销售效率、减少营业风险，付佣金委托华商代销，于是在一些省区建立了督销制。

“督销”相当于公司部、区业务区域的华人独家经销商，有的以公司名义，如山西、河北的督销是三和烟公司，四川的督销是南跃公司。有的以个人名义，如北方区（下设天津、北京、秦皇岛等段）的督销是王者香（王长期任北平市纸烟公会主席）。据统计，英美烟公司在全国先后设督销12个，其中7个是公司，5个是个人。

督销一般不直接经营，其任务主要是负责开展本地区销售业务，推荐辖区的大小经理，大小经理所需的品种、数量由督销向公司提出申请。如有呆账损失由督销赔偿。督销名义上独立经营，实际上接受公司派出的顾问监督、协助。

随着督销、大小经理等华商经销系统的建立和完善，英美烟公司的推销业务主要由华商出面，公司直接经营的销售业务相应收缩。原来的段办事处不再直接经营业务，转为主要搜集业务情报和对付敌牌等工作。其负责人也大部分改委华人担任，外籍洋员退居幕后控制。

英美烟公司的经销制调动了华商力量，其中有原来老晋隆洋行的买办，如上海的徐叔眉、蔡福龄；有英美烟公司的职员，如冀东地区的季文仲；有几十年历史的旧商号，如天津的王盛和；还有在公司扶植下由烟栈商组成的公司，如山西的崔尊三、龚和轩组成的三和烟公司、南京的久大烟公司、湖北的义记公司等。

借助经销制和广告等其他手段，英美烟公司的销售额增长极快。1902年公司成立时销售额为12682箱（每箱50000支），1910年增至105548箱，1920年达340419箱，1924年更达634624箱。这时英美烟在全国卷烟销售额中约占三分之二。1925～1928年因受“五卅”运动及大革命的影响，英美烟销售额下降到50余万箱。后又迅速上升，1930年达到877905箱。

销量的增长使英美烟公司获得了高额利润，1902～1920年累计利润约11494万元，同期资本额从21万元增至7209万元，增长了342倍。

华商经销英美烟公司卷烟的佣金亦相当可观。小经理在大经理处批烟，再转批给零售商和摊贩，能从大经理处得到约2%的佣金。大经理从英美烟公司批货，能得到约5%的佣金，扣除给小经理的佣金，实得约3%的佣金。内地的大经理每年收入数千元，上海的大同行年收入约万元。督销能从总销售额中得到1%的佣金，其年收入可达10万元。

1884年英国人威廉·利华兄弟俩在伦敦创办利华兄弟公司，不久成为仅次于英荷壳牌石油公司的全英第二大公司、英国最大的制造厂商。19世纪末，公司与荷兰的欧洲麦其淋联盟合并，改组为联合利华公司，成为著名的跨国制皂企业。1911年公司在香港设立中国肥皂股份有限公司，1923年改组为英商中国肥皂有限公司，并在上海设事务所、建厂，1925年开工投产，次年在南京设销售办事处。1927年在天津设分公司。1928年把中国市场划为上海、江浙（包括皖赣两省）、华南、华北、西北等几个大区，每区均委派华人任区长，负责销售，并由英籍董事监督，区下设大营业员，共百余人。在大区下的主要城市设营业区段，指派常驻营业员到所属城镇推销，扩大销售范围，定期书面汇报销售区内经济情况、市场预测、开拓市场的意见等，公司视其业绩加发季度奖金，相当于1～3个月的薪金。

公司在上海地区采用经销店直接从公司开户批购的销售方式，烟纸店、百货店得3%的佣金。为扩大销路，公司早期采用寄售形式，售后结账，给缺少资本的经销店带来实惠。销路打开后，改为限期放账。此外，肥皂跌价时，公司按各店存货数量补给差价，有时还有批购满百箱赠送5箱等优惠。

由于英商中国肥皂有限公司注重经销，重视广告宣传等，这使公司产品一度约占中国肥皂市场的80%，达到了垄断程度。

与高级职员制相反，经销制实际上是原来兼有雇佣与代理商双重性质的买办制向代理方向的发展，有些经销店的负责人、股东等本身就是由洋行买办转化而来的。经销商向外商企业预付一定数量的保证金或用不动产契约抵押作保证，其报酬形式，除某些基层外，基本上是按销售额付给一定比例的佣金，是单纯的商业代理关系。经销商是独立商人，但与一般洋货销售商不同，经销商从外商企业那里获得地区垄断和品种垄断的物权，如纸烟、颜料、煤油等都包牌代销，排斥异牌，在地区内独家经销，与外商的经济联系更为密切，更依赖于外商。外商改变了培植、利用少数买办的做法，利用驻销制建立了各级商业经销组织，其中高层经销商居重要地位，他们专事批发、开拓市场，实际上是外商经营机构的扩大和延伸。

有些洋行推销进口产品与经销制有区别，但它们仍通过买办的广泛销售网络达到目的。如我国进口颜料在抗战前一直被德国洋行控制。1924 年 8 家德国洋行合并成立了德孚洋行，其进口的颜料占中国进口颜料总量的 60% 以上，其中大部分由该行买办和大颜料商合股的谦和号经销，谦和号共有 200 余处分号代销处，遍布全国各地。

4 代购制——买办制度变革形式之三

代购制或称直接代购制，即不一定经过买办，而由外商企业与经营出口商品贸易、具有一定垄断性的少数中国商家直接交易，预先定购，给予资金融通，按收购定额付给佣金或其他形式的报酬。

20 世纪初，在蛋品、食品油类等出口商品贸易行业，开始出现少数华商垄断市场的趋势，为洋行实行代购制提供了方便条件。如重要土产集散地汉口，有所谓的“八大蛋行”、“八大油行”等大商户。“八大蛋行”还共同组成了同和公司，公司掌握当地蛋品市场三分之一的业务量，每天根据市场供求状况议定价格，称作“同和牌价”。洋行为了赢利，把过去零星收购改为整批进货，预先定购。汉口经营蛋品出口的最大的三家洋行，即美最时、安利英、礼和洋行的进货，几乎全由同和公司包了下来。

这时，新兴的桐油、猪鬃等出口贸易不少也是采用替洋行直接代购的形式。如20世纪20年代开设的义瑞行，由汉口英籍传教士陶维持撮合，替美商施美洋行代购桐油，双方立约规定，施美洋行提供购油资金，并负责提炼、储运等一切费用；义瑞行按收购量抽佣，汉口1%，内地3%；义瑞行只向施美洋行提供桐油，施美洋行也只向义瑞行购买桐油。这种封闭的收购渠道颇似代替进口洋行独家经销的“独家代销制”，只是商品流通的方向相反。施美洋行在中国各地不设分支机构，也不雇买办，仅聘陶维持为驻汉口的代表，监督经营。相反义瑞行却先后在川、鄂、湘十几个桐油产地和集散地设庄，建立了庞大的收购组织。它以中西两套名义活动，在税收、运输等方面利用帝国主义特权的庇护，营业额占输美桐油总值的40%～50%。

主要由浙江买办操办的生丝贸易在1908年前占中国出口贸易额的30%～40%，这时厂丝出口比重迅速增加，贸易方式发生了一定的变化。原来洋行以出口土丝为主。土丝的流转环节复杂，洋行的丝楼买办具有重要作用，收入丰厚。厂丝生产集中在无锡等城市，容易掌握货源，上海有的洋行还向丝厂提供贷款。这时期上海的洋行收购厂丝一般由大班与中介丝厂生意的丝号通事直接洽谈。有些日、美洋行取消了买办，英商洋行保留买办的，也多不参与生丝买卖业务，只做行内账目、银钱和管理丝栈、摇丝间等工作。他们不参与收购业务，一般只领薪金，没有佣金。

这时期的代购制内容不尽相同，但都有别于原来买办的代购出口物资。与外商企业打交道的经营出口商品贸易的中国商家独立经营，与洋行不存在雇佣关系。但这些中国商家有别于一般从事出口商贸的行栈商人，他们与洋行的关系比较固定，常受资助和某些特权庇护，在所营商品的出口上具有一定的优势。

代购制只是买办制度在收购土产方面的一种变革形式，有些外商企业仍使用买办完成收购任务。如英美烟公司 1902 年在华设厂，1914～1917 年派买办在山东潍县、安徽凤阳、河南许昌等地推广种植美烟。抗战前烟叶产区的烟叶 60%～90% 通过买办由英美烟公司收购。买办在产烟区设厂加工，烟农缺少资金，买办就向他们放高利贷。1930 年前后，凤阳一个英美烟公司买办年放高利贷约 7 万元。

5 合伙制——买办制度变革形式之四

合伙制是指外商企业和中国商人共同投资组成合资企业，专指在进出口贸易上由买办投资作为资本补充，代替原来买办制的一种形式。

雍剑秋擅长英文、德文，原为德商礼和洋行、捷成洋行的军火买办。1918 年中国对德宣战，德国洋行停业，而雍剑秋已积有几百万元存款。战后德商德义洋行谋求复业但无资本，找到与之有过业务关系的雍剑秋。雍允诺投资 20 万两白银，重大生意还可用他的银行存款作保，条件是年终利润，分红一半。他从这家洋行每年分红约 10 万元，一直分了十几年。雍在德义洋行不担任职务，但洋行重大事项须取决于他。

1924年开滦矿务局同刘鸿生成立合资公司，定名为开滦售品处，双方各出资20万元（实际上刘名下的股份由刘与义泰兴煤号各出一半），由刘全面负责。售品处负责上海、宁波及长江下游直到九江的广大地区内开滦煤的销售业务（不包括外商用户），合约规定，利润双方平分，售品处延续了15年。刘鸿生这时虽仍保留了买办的名义，但实际上独立经销开滦煤，并自己经营了许多实业。

郑伯昭，广东人，原上海永泰栈的合伙人、经理。他1902年起即经销英美烟公司的纸烟，很快使英美烟成为畅销货。1917年底他与英美烟公司签订合同，规定从1918年起至1932年止，由他独家经销大英牌纸烟。

1919年郑伯昭自设永泰和烟行，得到英美烟公司在资金信贷方面的支持，在全国推销大英牌香烟。英美烟公司给区经销商1%的折扣，大小经销商4.5%的折扣。郑伯昭将在中国推销大英牌香烟的业务转让给永泰和后，每推销1箱（5万支）大英牌香烟能得到不超过4元的服务费，后品种增加，改按销售额2%的比例得佣金（后又有变动和减少）。永泰和未经英美烟公司的许可，不得经销其他公司的产品，必须执行英美烟公司规定的销售价格。

1921年永泰和烟行改为中英合资的永泰和烟草公司，股本100万元，英美烟公司占51%，郑伯昭等占49%。公司董事6人，华洋各占一半，郑任董事长兼经理，英美烟公司的柏思德任副董事长。永泰和公司是独立组织，但没有独立的会计部，其商品、资金信贷、会计账目等都由英美烟公司控制，英美烟公司有权随时终止合同。

英美烟公司将其部分基本业务委托给中国企业经营的试验取得了成功。20 世纪 20 年代英美烟公司年销纸烟数十万箱，约三分之一是通过永泰和推销的。永泰和模仿英美烟公司的经销制，在全国建推销网，在各大城市共有 40 多个推销点，其中大的设段经理，小的设驻员，再联系下一级的经销商。如永泰和在浙江设有湖州、杭州、宁波、温州、嘉兴、屯溪、兰溪 7 个分公司，以下在各县镇有近 40 个经销商。英美烟公司的洋人称郑伯昭为“密斯脱永泰”，他们看重永泰和的推销机构。郑伯昭靠推销英美烟公司产品发财致富，成为上海房地产大亨。

英美烟公司虽有自己的推销网，但还是积极扶持和利用永泰和合伙销售组织。英美烟公司上层推销机构中外籍雇员月薪 500 ~ 1000 元，有些还供应住宅、家具等；永泰和一般职工月薪只有 20 ~ 30 元，没有福利，出于节约费用等原因，英美烟公司借助永泰和推销产品更为有利。英美烟公司选择经销商规定要几万元资金，有专营铺面，赊销要两家铺保，结果选的多是各地豪绅开设的商店，他们对推销纸烟没有积极性。永泰和利用中国旧式商业的做法，不强调本身条件，凭信用给方便，主要看销货实绩。赊销只要一家铺保，选的都是有销烟经验和销烟能力的商人。永泰和还用

“超额累进佣金制”、不轻易变动经销关系等方法鼓励经销商推销。在上海、江浙地区，永泰和的销售实绩远远超过英美烟公司的上海部，致使英美烟公司后来干脆撤销了上海部，将这一地区各种牌号的纸烟统归永泰和独家经营。

6 买办制度的衰落和消亡

在1920年前后买办势力开始衰落了，这主要不在于买办制度的变革，而在于买办阶层的社会势力和经济实力相对降低了。

1919年中国人民掀起了五四爱国运动，1924～1927年有大革命运动，其间还有五卅反帝运动。在中国共产党领导下，人民的觉悟提高，爱国运动高涨，买办受到群众批判和谴责，他们的社会势力急剧下降。这里我们可以举平和洋行买办朱葆三的例子。朱葆三在辛亥革命期间为上海的光复及以后解决沪军都督府的财政军款问题立下了汗马功劳，在因“宋教仁案”引发的“二次革命”期间，依然旗帜鲜明地赞同革命。1915年10月后的三四年间，他一直担任上海总商会的领导职务，这也是对他过去的革命态度的肯定。如果说他作为买办，参加资产阶级领导的旧民主主义革命尚可的话，那么由于阶级、时代的局限，在新民主主义革命阶段，他将成为革命的绊脚石，最终被历史淘汰。在五四运动中，中国人民要求直接归还青岛，废除中日密约，不同意把德国在山东的特权转给日本。

在大是大非面前，上海总商会态度暧昧，5月9日，朱葆三以上海总商会名义致电北京政府，居然承认日本强占青岛的侵略事实，提出与日本交涉归还青岛的荒谬主张。朱的谬论立即激起各界舆论的严厉抨击，上海总商会成为众矢之的，要求罢免朱葆三职务的呼声日益高涨。在社会舆论的一片谴责声中，朱葆三被迫于7月1日发表“最后辞职书”后下台。

经济方面，当时民族资本主义工商业和本国银行业有了发展，大资本集团兴起。对外贸易额相对下降，如进出口贸易总额年平均值1920～1924年为13.76亿美元，1925～1929年为14.61亿美元，1930～1934年下降为6.76亿美元，1935～1937年下降为5.19亿美元。华商外贸业开始直接从事海外经营，也导致了买办阶层的经济地位相对下降。

买办虽然衰落并基本消失，但东西方的商业中介仍然存在。独立的中国经纪人的作用反而更显得重要了。外商继续雇用华人，但此类人已不具备买办的职能，或者说原买办的职责在此时已大大缩小了。现在他们不为商业交易担保，也不为外商企业中其他中国雇员的个人品质担保，也不经办已失去意义的内地土产采购。他们仅充当抽取佣金的代理人或代理商，在大多数情况下他们只是推销员或商业顾问。在外国大企业里主管华籍雇员的华人职务由“买办”改“华经理”，以区别于过去的买办。

战争给经济、洋行及买办的生存带来重大影响。中国军阀混战使交通阻滞，商家风险陡增，不利于外贸业务的开展。1937 年日本侵华战争全面爆发，1941 年的太平洋战争给英美租界带来的冲击及以后大规模的租界“收回”，导致洋行、买办势力大大削弱。抗战胜利后日、德洋行多退走，欧美洋行卷土重来，但英国经济大为削弱，力量大不如抗战以前。多数洋行取消了华账房，将买办制度改为高级职员制。以后的中国内战、通货膨胀、社会动荡也不利于洋行贸易和买办活动的稳步开展。

新中国成立以后，中国人民当家做主，消除了帝国主义的在华特权，作为一个多世纪以来外国资本主义经济侵略的代表——外商企业，及为它服务的买办势力失去了生存条件。外商企业或撤退、或观望、或将管理权托付给买办，后见没有希望，遂请代理者办理裁撤手续。如 1950 年美孚公司在华企业撤销，1951 年德士古石油公司在华企业宣告解散，1952 年亚细亚火油公司由人民政府接管，同年颐中烟公司宣告歇业，英商中国肥皂有限公司资不抵债，由人民政府接管。1956 年法商永兴洋行天津分行宣告关闭，买办严逸文也结束了华经理生涯。

买办势力的衰亡与贸易和市场的变化、国内政治背景、中国的社会习惯变化等都有关系。随着外商企业的衰落和消亡，买办制度最终在中国大陆退出了历史舞台。

七 买办与外资企业的关系

1 洋行对买办的依赖

1842年《南京条约》废除了广州的公行贸易制度，西方人开拓自由贸易遇有许多障碍，必须雇用买办。

除了语言障碍外，中国的货币复杂也是障碍，如"两"是白银的主要计量单位，但各地各业都不尽相同。有时货物开价1两，只需付0.97两，在零售店需付0.974两；付外国关税1两，需实付1.07两。除了纹银外，还有西班牙、墨西哥、美国等国的通用银元和后来的中国银元。一个外国人初来乍到，要全部搞清是不容易的，如自己交易会上当，自己记账会记错。

货币的复杂与度量衡制度变化联系在一起。居住在天津的第一个洋商J. 恒德森（J. Henderson）1860年初到天津，发现那里没有标准的重量单位，没有与上海、广州的重量单位相对应的秤，也没有海关的重量单位，逼得他不得不求助于买办的帮助。

洋商交易，必然要了解中国的市场行情。钱庄的钱票和庄票的发行、流通没有规则，洋商不知道各种钱庄和中国大商人的财务状况，不知道中国许多商业惯例和社会习惯。中国有很多以乡土、家族观念维系的强大的地区性行会，阻碍着华洋直接贸易。既定的传统的社会经济条件及文化隔阂使洋商必须雇用中国买办才能顺利地同华商交易。

洋行直接同中国商人做生意有种种障碍，导致洋行需依赖中国买办的帮助。买办按合同受雇于洋行，处理洋行对华业务，担任华籍雇员首领，充当华籍雇员的担保人和洋行与华商交易的中介者。买办在通商口岸商业界起关键作用，洋行的业务操作几乎全靠买办来完成。买办在洋行有举足轻重的作用，如 1862 年琼记洋行在福州的买办生病时，当地琼记洋行的一切事务只能暂时停顿。

通商口岸的商业竞争，迫使洋行罗致干练、驯服的买办，以便与本地商人全面发展关系。洋行期待与华商做生意，期待华商能认购洋行经营的某些企业的股票。买办向洋行提供广泛的服务。洋行的成功很大程度上归因于买办。如旗昌洋行上海大班爱德华·金能亨 19 世纪 60 年代初靠中国买办的帮助，在中国筹集了必要的资本，成功地创办了旗昌轮船公司，从事在中国的水上转运贸易。为了吸引华商，金能亨决定在各口岸靠近中国商业区的沿海发展轮船业。如在上海县城边设立了金利源码头，该码头后成为旗昌轮船公司业务的主要基地。1870 年公司还在码头设立了揽载栈。

洋行大部分业务要靠买办完成，所以就要求买办能说英语、忠诚可靠，而且更要求买办有实力、“面子”大，即有钱有势。如1865年旗昌洋行雇上海大丝商陈竹坪为总买办，取代能说英语、忠诚可靠的阿耀（Ahyue），以便促进对华业务的开展。

70年代，金能亨离任，陈竹坪年迈力衰，旗昌洋行在各地的买办有的热衷于自己的投机活动，有的欠洋行债务过多而出走，一时又找不到合适人选，旗昌开始走下坡路。

中国最大的洋行——怡和洋行要求买办能对付偷盗财产、应付雇员、有面子、会鉴定银元、能照看洋行和货栈。怡和洋行在各地的买办如杨坊、林钦、唐廷枢、唐茂枝、何东等，个个都是能干的富人，他们推动着怡和的贸易业务。怡和洋行也以各种方式鼓励买办，如为给洋行揽载业务招徕资本和货源，1871年怡和分派给唐廷枢和他的本地朋友数百股华海轮船公司的股票。唐廷枢兄唐茂枝任怡和在天津的买办，使怡和在天津的经营效率大为提高。

还有一种情况，洋行聘用买办仅仅是为了利用买办的声望来提高自己的知名度，以便发展自己的业务。如英商平和洋行原是一家皮包小公司，以进口一些小商品换取中国的农副产品赖以生存。1890年前后，该行聘请当时有“五金魁首”之称的慎裕五金行老板朱葆三为买办就属这种情况。朱任平和洋行买办，但仍坐镇自己的五金行，不必像其他买办一样提供经济情报、推销进口商品、采购出口原料、交纳保证金、提供资本等，倒是平和的大班常到“慎裕”与朱老板商量要事。朱老板仅在每年圣诞节前才亲临洋行向洋大班拜年。朱葆三实际上是个仅领干薪不经办实事的挂名买办。洋行方面由于利用了朱葆三的声望，采纳了朱的建议，仅仅几年工夫，不单自建了办公房、仓库，还开设了打包厂、酒精厂、机器厂，成了上海的“打包大王”，并在重要口岸广设分行，跻身于上海十大英商企业的行列。

洋行认识到同华商的关系对其业务发展影响重大，于是为罗致能干的买办和潜在的主雇而展开了激烈的竞争。洋行能雇到能干的买办就争得了业务和货源。1868 年旗昌洋行通过广州的买办成功地与同孚洋行对抗，以致华商对同孚洋行的轮船公司失去了信心，公司的股票乏人问津。而同孚洋行尽力拉拢旗昌洋行能干的揽载经纪人，以许诺提供比旗昌更好更多的机会相引诱。

洋行还用增加佣金、补贴房租、准许推荐买办等方法开拓对华商的生意。怡和靠上海的买办唐廷枢发展了长江的航运业。琼记洋行竭力拉拢怡和洋行的老顾客参与沿海轮船公司的计划。怡和则学琼记的样子，用本地人账户采购，为轮船招徕货源，为趸船招揽生意。两家洋行相互不断竞争。

70 年代，怡和洋行在旗昌洋行前买办、广州有影响的揽载行主的帮助下，成功地发展了轮船货运业务。怡和的汉口买办和他的掮客朋友郭甘章可以为洋行弄到任何所需的茶叶。怡和洋行的九江买办能照顾洋行的揽载生意，还从太古洋行那里挖到了许多货源。

2 买办给洋行带来的其他利益

洋商在其他方面也得益于买办，洋行通常与它过去的买办仍然保持密切的商业关系。作为旧买办或独立或从事别的事业，因熟悉曾经服务过的行号，一般也乐于与原洋行保持联系。

洋行常常直接和它们的现任买办做生意，这给洋行带来了许多好处。买办作为独立商人的活动是对买办职责的补充，如买办购买土产，然后转售给自己的雇主。洋商经常鼓励自己的买办同其他华商建立广泛的联系，这对洋行和买办都有好处，买办能给洋行带来更多的生意，更显示了洋行对买办的依赖性。

19 世纪 60 年代后，洋行的代理业务渐渐被市场推销和投资活动取代，洋行想减少巨额投资的风险，又想控制投资的企业，于是采用了与华商和买办合伙的制度，如怡和洋行买办唐廷枢与其雇主合伙从事航运事业。

洋行资金短缺时，买办往往从资金上给予帮助。如琼记洋行常通过自己的买办数万、数十万元地借、垫款并付息。

买办和钱庄联系紧密。50 年代起许多买办是钱庄的合伙人，如杨坊、唐廷枢和徐润。进口商品常凭庄票赊销，庄票 3～30 天到期，通常由买办担保。60 年代，怡和洋行等资金充裕的洋行也通过买办把余资贷给钱庄，钱庄再通过买办把钱贷给琼记洋行等乏资的洋行。乏资的洋行对能为自己从钱庄贷到款的买办相当器重。

负责洋行航运业务的买办有时也兼营一种船用杂货供应商的私人生意，为洋行船只提供必需品。有时买办自设揽载行，如 1873～1881 年的太古洋行总买办郑观应，1875 年后就在四川、汉口和上海开设了揽载行。80 年代重庆、万县、汉口、贵州等地的太古洋行“渝行”（由洋行贷款，买办创办的揽载行）也代理报关，帮助以四川籍为主的商人结关并把商品运往长江下游。买办得佣金，洋行从运输和保险过程中获利。1890 年前后，怡和洋行买办建立的“渝行”也受到过其雇主的资助。

梯·郭田 1899 年任法国立兴洋行汉口分行经理，该行原买办刘长荫介绍其养父之子刘歆生任汉口立兴洋行出口买办。刘歆生后来给洋行带来了很多好处。如郭田要晒牛羊皮，刘歆生就将自己贱价收购的空地借与立兴洋行使用。刘还每日将汉口市面上芝麻、猪鬃、牛羊皮、桐油等土特产的行情报告郭田，转报上海总行，电告欧洲各国的代理人，总行接订货后具体通知分行，分行即通知买办与客户签订合同。有一次立兴洋行收购 1 万吨黄芝麻，刘出面收购，甘愿赔 3 万两白银使生意做成。刘歆生在汉口后湖一带贱价买进不少地皮，以立兴洋行名义立界牌，刘还将自己经营的刘万顺转运公司挂上立兴洋行的旗子，这样做对刘也有好处，就是赔钱也是失之东隅，收之桑榆。刘在立兴洋行当了三四年买办，共赔了四五万两银子。1904 年刘介绍梁俊华任立兴买办，自己经郭田介绍到东方汇理银行汉口分行当买办去了。

刘歆生离开立兴洋行后，还介绍立兴洋行以纹银10余万两的价钱买进约3000余平方米的地皮。1909～1910年立兴洋行在这块地皮上建造了3座仓库及一些土产加工厂。刘歆生虽然离开了立兴洋行，但与郭田仍然交往密切，两人几乎每周都要见面。刘要运土填地，郭田就替他想办法，建议刘歆生用小火车运土，并代刘从法国进口小火车头和铁轨，郭田在这笔交易中得到了经手的佣金。

第一次世界大战结束后立兴洋行将业务与产业分开，改组成立兴产业公司和立兴股份有限公司。1921年立兴产业公司有董事7人，刘歆生是其中唯一的华人，其股权仅占总股数的千分之几也能任董事，这也可看做是洋行对刘为洋行作出贡献的一种回报吧。

3 洋行、买办的相互利用及矛盾

买办经营自己的生意时，得到其主人的默许、放任，甚至公开的鼓励。徐润在宝顺洋行买办任内，所有自营行号均未受到其主人的干预。宝顺大班韦伯（E. Webb）甚至还怂恿徐润尽可能将所有的资本都投于上海的房地产。上海仁记洋行买办徐荫兰所办的谦泰利炒茶栈，歇业之前一直受到其主人的包庇。一般情况下，买办自营的生意一旦失去洋行的支持就可能破产。如1873年天津旗昌洋行买办刘森被老板解雇，其经营的森记行号立即破产。人们听说旗昌洋行要改换买办，立即向刘讨债或取回存在其堆栈中的货物。20世纪初华俄道胜银行买办王铭魁在天津至奉天一线开设有20余家银号，1904年因他盗用道胜银行库款事泄，其经营的银号相继停歇，自己被迫离开道胜银行。汉口的刘子敬曾任俄商阜昌洋行买办兼华俄道胜银行买办，十月革命后俄国情况发生变化，刘的买办职务也随之解除，其依附于外商的钱庄和茶行只得宣告停业。

洋行支持买办的生意，买办的活动就可假借洋行的名义进行。19世纪60年代前期，汉口以买办商人为主体的广东籍商人，就经常在子口税单的保护下向内地推销洋货。70年代初期，镇江也有不少洋行买办为求得子口半税的待遇，打着洋行的招牌为自己收购土产推销洋货。有的买办不要工资，只要领到半税的子口税单即可。

买办还能利用其主人的资本经营自己的生意。唐廷枢任买办期间，经常以怡和的库款周转他的生意。他和怡和买办林钦等人合伙开设的茶栈，以及林钦等人的生丝收购，经常得到怡和老板的借款接济。

其他洋行亦如此。如大英轮船公司买办常向其老板苏石兰透支。旗昌洋行天津分行买办刘森在上海、天津开设宝森永号，资本都是其老板莫鄂的。

有些洋行老板还以“联营”的形式在资本上支持买办。如40年代后期，怡和洋行就与买办联营收购茶叶。50年代后这种“联营”逐渐频繁，贸易地点甚至远至日本。70年代初，唐廷枢与其老板联营，在镇江贩运大米达万担。琼记洋行的莫仕扬也经常和他的老板联营做生意。

洋行不仅从资金上支持其买办做生意，而且还纵容买办的投机活动。1862 年宝顺洋行支持其买办徐润和旗昌洋行买办陈怡春等竞做银元投机，大进大出，互不相让。60 年代上半期，由于洋行的支持，上海、汉口等地的买办投机活动活跃异常，以致形成金融风潮。上海许多外国银行和洋行对自己的买办实行资金押放。汉口的洋行接受的庄票没有到期买办就能使用，到期后也常在买办手中。买办疯狂地利用老板的资本进行投机活动，宁波有些买办甚至以洋行老板的名义向钱庄借款，以填补自己由于投机而造成的亏空。

买办的自营生意所以能取得其主人的支持，是由买办的双重身份和地位决定的。买办领取洋行的工资，几乎经手洋行的一切交易。普利斯顿洋行的行东将签订贸易合同的权力完全交给他的买办。几乎每个买办都要经手洋行的现金收支。怡和洋行把管理金库的权力完全交给了买办。林钦介绍唐廷枢继任买办时首先推荐唐管理金库。伯德孚洋行的现金实际上由马罗山和他手下的人保管，洋行老板不经手一个铜板，有些银行的金库也由买办掌管，如麦加利银行的福州买办经常为老板做大量票据贴现等生意，使银行的余款在淡季中也能增值。

买办实际上还为其老板决定洋行每笔交易的要价和出价。60 年代从事出租船只业的复升洋行，租船价都由洋行买办决定，没有买办交易就做不成。买办与华商交易比洋行直接与华商交易更为有利，这有利的条件只有在买办自己的商业活动中才能得到充分的发挥，所以洋行要利用买办，怂恿或支持买办的商业活动。

洋行在支持买办商业活动的同时，自己也从中得到了好处，达到双方互惠互利的效果。如旗昌洋行为其天津买办刘森的宝森永号提供资金，是想借刘的私人业务开展旗昌在上海、天津间的轮运和贸易。仁记洋行支持买办徐荫三的茶栈，该茶栈为仁记收购茶叶带来了方便。怡和老板支持其买办的钱庄，同时也解决了洋行剩余流动资金的去路。琼记老板支持其买办的钱庄，同时弥补了洋行流动资金的不足。镇江有三家洋行的买办从他们的主人那里取得子口税单，洋行从中取得了减税额的一半。汉口的怡和、太古等洋行支持买办的揽载行，买办可以收取佣金，洋行同时扩大了航运和保险收入。

在买办的商业活动中，洋行和买办的资金也是互相利用、互相支持的，有时买办也能给洋行带来资金方面的便利。如琼记洋行的买办随时都能为他的主人找到巨额款项。有些洋行的营业资金和税款由买办按月垫付，有的洋行甚至以垫款作为担任买办的条件。买办如果没有自己的商业活动，很难在资金方面有如此的神通和能耐。反过来有的买办也得到了洋行巨额资金的使用权，其中有些经外国老板同意并付息，有些则是买办私自挪用。

买办发财了，洋行也繁荣了。买办为洋行赚了钱，同时也为自己赚了钱。外商依赖于买办而成功，买办从外商处得到大利。洋行老板和买办是主奴关系，洋行老板赋予买办活动的能量。没有洋行老板的支持，买办的能量不能尽情发挥。买办离开了洋行的支持，失去了买办的身份，其神通将大部分化为乌有。因此有些买办在其老板面前表现出很驯服的样子。1868 年唐廷枢给怡和老板的信中要求老板“信赖”他，表示自己会像“大多数中国佣人那样”，“尽最大的努力”为老板服务，为老板“拼命地干”，“力图做一些事”，希望能够荣幸地对洋行“作出一点贡献”，尽显其奴才本性。

在洋行和买办总体利益一致的情况下，他们之间也存在着矛盾。如一些大洋行代表国内大产业资本家的利益，欲直接与华商、中国的洋货使用者、土产的制造者交易，他们要求中国的市场完全开放，由他们统制，使他们能得到中国进出口贸易的全部利益。但他们面对众多中国商号时，就发觉这些商号有些是华商行业公所的成员而有些不是。那些和对外贸易发生联系的华商行业公所或多或少受到洋行买办势力的渗透，不同程度地成为买办化组织。在买办势力的支持下，许多华商行业公所规定，非本公所成员的商号不得和外商直接交易。公所包揽了与洋行的交易，它们独揽税收代征权，滥用子口半税特权。为此，洋行对买办颇有怨言。

洋行和买办之间在利润分配方面也会出现矛盾，这矛盾还会被洋商夸大。因买办在贸易活动中往往处于有利的地位，如他们熟悉洋人的经营方式后把外商甩开，甚至向银行贷款后抢夺外商的生意，趁机与外商夺利，相反外商却必须依赖他们才能进行外贸活动。为此，外国人办的《北华捷报》1862 年就有人发表文章，抱怨“外商仍需依赖买办，而买办已不需要依赖外商了”。1866 年的《海关贸易报告》惊呼“贸易的全部利益置于中国人的手中”，并指出这是“极端危险”的情况。一些洋商还抱怨说：“外国人破产了，买办则变为安享荣华的富翁”，“英国商人在营业失利时，买办却发财致富”。

洋行因是买办的雇主，有时也会摆出主人的架势，盛气凌人，或利用权力在经济上欺压买办，为此遭到买办的反击。如买办杨坊受到欺负，就骂洋人“蛮夷性情，令人可恶之极”。买办徐润憎恨洋人时还引证儒家经典，指出“非族必异”。

法商立兴洋行汉口分行经理郭田对买办常有提防之心，如买办已雇仓库人员，郭田作为洋行方面还另雇了三名仓库人员，以防止交货时买办与客户作弊。郭田还规定立兴洋行的出口价格由出口部西人核算，为防止与买办通气，使买办从中舞弊，对华籍职员一概保密。

其他洋行的大班与自己雇用的买办之间也有彼此暗地较劲的。如 20 世纪后，永兴洋行大班自己雇用写字间职员，他们不受买办管辖。他们接到外国的要货报价电报对买办保密。有些买办千方百计买通译电人员，利用译电人员的手势探得情报来对付大班，与大班争夺生意或从中渔利。有些洋行自营采购土产，时有刁难客户、赖账等现象。有时客户亏欠，不能交货。买办作为经办人或担保人，夹在洋行与客户中间，常受攻击，也增加了洋行和买办之间的裂痕。

有时买办与外资企业有矛盾，又会脱离其主子，走向民族资本行列来反对其原来的主子，等条件有了变化，又会与原主子和好如初，这反映了买办求利的私心。如英美烟公司买办邬挺生1919年脱离英美烟公司，加入民族资本行列，与英美烟公司抗争，后又与英美烟公司合办公司打击民族资本。

也有的买办与其主子不和，处处受其主子打击排挤，最终离开买办的职位。如1928年，英商太古洋行香港总行买办莫干生因代购蒲包一事与太古洋行总经理发生龃龉，被迫赔出25万元港币给太古洋行。后太古洋行又以提高保证金、降低佣金等手段打击莫干生，使莫最终在1931年辞去了总买办的职务。

八　买办与其他社会阶层的关系

1 买办与封建官僚、军阀的关系

买办不仅依附于外来经济侵略势力，还要攀援封建官僚，如捐官，这更使买办趋向于封建官僚，从而提高了买办的社会地位，以便追求更大的利益。买办资本的扩张也影响了封建官僚，引起封建官僚的买办化，官僚从买办那里得到财政资助。买办与官僚彼此依借，互相利用。

因买办有外语能力，第一次鸦片战争前后，封建官僚就依靠买办人物进行外交活动。如投降派琦善诬陷林则徐、邓廷桢等抵抗派人士，满足侵略者提出的遣使求和、开放广州等要求，网罗了曾任宝顺洋行买办、通晓英语的八品衔鲍鹏办理对外交涉，共同卖国。有些买办最终成为封建官僚，如原广东行商同顺行的吴天恒（建彰）后到上海任旗昌洋行买办，并当上了道台，1853～1854 年间曾以江海关洋税担保向洋商借款 127728 两，用于镇压小刀会起义。买办是封建统治者和侵略者的穿针引线人，也是外籍军团军费的支持者。如买办、上海粮道杨坊曾勾结、资助美国人华尔组织洋枪队镇压太平军。

洋务派官僚不懂洋务企业的经营管理，买办势力乘机厕身其间，受到了洋务派官僚的重用，其中有些人成为洋务派企业的创办人或经营者。1863 年曾国藩、李鸿章开办机器局，遍求洋务人才，于是出身于琼记、宝顺等洋行的容闳被授予五品军功戴蓝翎，携巨款赴美国购买机器。1865 年容闳完成使命回国，被授予五品实官候补同知，薪水比以后的四品衔候补道还要高。

买办官僚在政治上为侵略者张目。买办是西方资产阶级入侵的产物，他们依附侵略势力，勾结封建势力，亦官亦商，在侵略者和封建统治者之间左右逢源。李鸿章给亲朋好友的书信中多次提到，因为与洋人不易沟通，与他们办事就力不从心；还说如果没有买办的支持，清政府的财源就难于保证。实际上，李鸿章一度就依靠过吴煦、杨坊等财力雄厚且有洋行背景的买办为其筹饷，每年约数百万两。1874 年由李鸿章操办向汇丰银行借 200 万两的“福建台防借款”，汇丰银行上海分行第二任买办席正甫在其中起了关键作用。1874～1890 年清政府向汇丰银行共借款 17 笔，绝大多数由席正甫一手经办。其他如左宗棠的西征借款，三次总额达 1075 万两。

席正甫多次拒绝李鸿章、左宗棠的劝导、保举，执意不愿去北京当官。他的后代说他不习惯官场的磕头跪拜等礼仪才不愿当官，实际上是因为他追求经济利益，无多大油水的官位自然对他缺乏吸引力。更何况清政府在近代已是洋人的附庸，他完全可以以两者的代理人作为身份，其地位绝不会比求得的一官半职低。席正甫虽不愿做官，但为了业务的发展，很乐于与官僚交往。如他与邮传部尚书盛宣怀往来极为密切，私交甚好，后汇丰银行轻易地就垄断了对华的铁路贷款。1904 年席死后，盛宣怀还专程来沪致祭。另外，席正甫晚年还与上海道台袁树勋结为换帖兄弟，以示友好。

买办当官者也有。如早期的吴建彰、吴煦、杨坊等，后来又有天津汇丰银行买办吴懋鼎，他曾被清廷授予“直隶候补道”、“三品京堂候补”，1898 年任农工商总局督理。但 1909 年他谢辞山西巡抚一职，1913 年又推辞北洋政府财政总长的职务。

尽管如此，买办和封建官僚也还存在着矛盾，在和封建腐朽的晚清官僚交往中，他们看到了官僚的腐败。唐廷枢主持开采煤矿，强调矿局经营要遵循买办常规，各厂司事从商股中选充，免派官方委员。郑观应入轮船招商局，主张由股东公举董事和总理、协理负责主持，总理、协理管理局中一切商务。他还抨击官僚制度，特别是抑制商人企业家精神的官督商办制度，在《商务叹》一诗中发出“官夺商权难自主”的抱怨，慨叹“官督商办势如虎”。买办中有些人最终脱离买办行列，脱离官督商办企业的羁绊，投资近代民族工业，走实业救国之路，成为民族资本家。

买办成功地协助晚清开明官僚搞洋务运动，创办了中国历史上最早的一批近代工业，对推动中国近代社会发展有益。洋务派创办近代工业企业原委托外国人，如李鸿章委派英国军医马格里创办江南制造总局，左宗棠用法国人日意格创办福州船政局，奕䜣用英国人密妥士创办天津机器局等。这些外国人于机器“未甚精核”，又从中贪污舞弊，洋务派遂委托买办创办、经营、管理这批企业。如怡和洋行买办唐廷枢曾任轮船招商局总办，后任开平矿务局总办；宝顺洋行买办徐润出任轮船招商局会办，后任热河金银矿务局总办；太古洋行买办郑观应先后任轮船招商局和上海织布局总办。买办帮助洋务派创办近代工业是洋务活动最重要的内容之一。洋务派决策创办近代大型工业，由买办经营管理，奠定了中国近代工业的基础。

中介军火交易，或直接贩卖军火是买办与封建官僚、反动军阀互相勾结的一个重要方面。清政府、北洋军阀为了维持其反动统治，需购买外国军火，同时外国军火商为赚钱，需出售大量军火，两方面都需买办从中穿针引线，促成交易。如在天津，德商瑞记洋行最早贩运军火，该行设有专职军火买办俞寰卿、林湘如等人，他们经常出入北京各王府，一度使瑞记洋行垄断了清政府的军火生意。后来该行又是北洋军阀的主要军火供应者，从军火方面支持中国的内战。

德商洋行的军火买办严蕉铭初在上海美商旗昌洋行任买办，1882 年到天津，历任顺全隆、禅臣、锦华、立兴等洋行买办，从事进出口贸易、进口军火业务，与李鸿章、袁世凯、王士珍等人多有往来。

德商礼和洋行也是军阀的主要军火供应者之一，

天津的礼和洋行就拥有军火买办冯昌盘、王铭槐、米禄斋等人。

汉口的怡和洋行得到驻汉口的英国领事支持，利用英国军舰换防的机会将军火运到汉口，然后通过汉口怡和洋行总买办陈仙洲秘密出售。陈仙洲因售军火被两湖巡阅使吴佩孚聘为高等顾问。

军阀政府为维持其反动统治，有时需借外债，也需要买办做中间人。如段祺瑞政府财政部长曹汝霖向日本借款，就是通过天津的横滨正金银行买办魏信臣四处拉的线。北京汇丰银行买办郑君翔是北洋政府历届财政部长的拉拢对象。

军阀官僚为筹措军饷，还依靠各地大商人、买办的支持。段祺瑞、靳云鹏同虞洽卿关系密切，段曾委任虞为淞沪市政会办，以换取对他卖国政策的支持。傅筱庵先是结交袁世凯等北洋军阀，曾任北洋政府国务院高等顾问、财政部驻沪特派员等职。后勾结五省联军司令孙传芳，资助军饷，并靠孙的支持当上了上海市总商会会长。

与以上买办相反，有些买办不与军阀交往。如办事老练的汇丰银行买办席正甫就从来不向军阀放款，还多次告诫手下说，军阀的信用太差，靠不住，宁可得罪也不要轻易放款，以避免风险。

2 买办与国民政府官僚的关系

国民政府时期，买办制度已经开始走向衰落，但买办人物仍然有相当的活动能量，与国民政府的上层人物有不少交往，有些后来甚至成为国民政府的高级官僚。

原英商宝信银行买办席裕光（号德辉）与陈果夫、陈立夫有姻亲关系。其长子、1925～1929年任意大利华义银行买办的席德懋曾与四大家族之一的宋家打得火热。因为席德懋与宋子文曾是老同事兼好朋友，所以宋子文当权后，席德懋就当上了中央银行业务局局长、外汇局局长和中国银行总经理。1944年席德懋还代表国民政府赴美国参加筹设世界银行和国际货币基金组织的工作。席裕光的次子席德炳是宋子文在美读书时的同学，后来席德炳就当上了江海关监督和上海中央造币厂厂长。宋子文之弟宋子良的妻子也是席家的小姐。

以买办身份致富的刘鸿生后来成为一个著名的民族资本家。1929年刘鸿生创办了章华毛纺厂，后刘通过各种关系，承揽了国民党部队的军呢用料和邮电部门的制服用料，既为章华厂的产品打开了销路，同时也排挤了军队和邮电部门原来所用的外货呢绒。

1928年国民政府接收了招商局。当时招商局因经营落后，管理腐败，又受到外商排挤，连年亏损。国民政府很想找一个实业界有名望的人出任招商局总办，加以整顿，他们想到了刘鸿生。刘鸿生与宋子文同是圣约翰大学的校友，通过宋子文和宋子良的关系，刘鸿生又与孔祥熙拉上了关系，使他成为国民政府物色的招商局总办的理想人才。1929年、1930年国民政府工商部部长孔祥熙两次请刘到招商局任职，都未成功。1933 年国民政府行政院院长宋子文两次派人请刘出山任职，在得到宋子文能替自己解决企业资金困难问题允诺的条件下，刘总算答应到招商局任职。

孔祥熙曾任英商亚细亚火油公司的代理人（即买办），是亚细亚壳牌煤油在山西省的独家经销商。后因夫人宋蔼龄的关系，频频活跃于国民政府上层，曾主持孙中山的葬礼和奉安大典。蒋介石“四一二”反革命政变后，孔祥熙拉拢旧友冯玉祥、阎锡山倒向蒋介石；拉拢宋子文脱离武汉国民政府，促使宁汉合流；撮合蒋介石与宋美龄的政治联姻；帮助蒋介石揽取更大权力，为蒋介石首次下野后复出奔走呼号，与蒋介石结成了政治盟友关系。由此，1928 年 3 月孔祥熙得到了“国府委员兼工商部长”的官位，从此官运财运两旺。1930 年工商部与农矿部合并成立实业部，孔祥熙改任实业部部长。1933 年先任中央银行总裁，后又任行政院副院长兼财政部部长。孔祥熙抗战以前主持经济和财政工作，为国民党官僚资本的发展奠定了基础。孔祥熙除从政之外，还开设公司经商，在工商方面搞了几个合伙组织，多数是利用职权，挂名不出资，由有关银行参加或放款，如与刘鸿生合办中国火柴原料厂、中国毛纺织厂和西北毛纺织厂等。孔祥熙还利用职权营私舞弊、贪赃敛财。通过中央信托局替政府购买军火，孔祥熙私人每年至少可获利百万元。孔祥熙还靠由其妻宋蔼龄、小舅子宋子良等组成的七星公司从事公债投机，因尽知财政内幕，兴风作浪，大赚其钱。

1938年孔祥熙出任行政院院长，兼任财政部部长、中央银行总裁、农业银行董事长、中国银行董事长、中央常委等职，旋又兼中央、中国、交通、农民四行联合办事处副主席，成为抗战时期国民政府的财政金融首脑。这一时期孔祥熙仍利用职权，伙同妻儿、亲朋、门生倒卖军火、物资，进行证券、黄金、外汇等金融投机，因其了解内幕而稳敛巨财。就在这一时期，孔祥熙成了中国的首富。孔家还参与物资走私、囤积居奇活动。1939年杜月笙、戴笠走私百余吨鸦片，为通过关口，杜登门拜访孔祥熙，面递500万元贿金，孔见钱眼开，大笔一挥，发放了通行证。1942～1944年孔祥熙利用发放"同盟胜利美金公债"的机会，以法币200元折合1美元的价格售出，然后按官价法币20元的价款缴入国库，数千万、上亿元地鲸吞法币。后这一丑闻被新闻曝光，舆论哗然，孔祥熙立刻成为众矢之的。此事件最终导致1945年10月孔祥熙辞去除中国银行董事长外的一切职务，退出政治舞台。

1947年秋孔祥熙离开上海去纽约，几乎将财产全部转移到了海外。1949年他辞去中国银行董事长职务。1951年《纽约晚报》编辑布朗著文，估算孔、宋两家在美国的存款达8.5亿美元之巨。这样的富有当时可称世界级的富翁，这些钱基本上是由官位转化而来的，可以说孔祥熙是中国现代史上最大的贪官。

做过国民政府官僚的还有一些买办，如买办虞洽卿1927年支持蒋介石反共，1928年后曾任国民政府经济委员会委员、行政委员会委员等职。英美烟公司买办沈昆三曾拉拢孔祥熙、宋子文等人购买英美烟公司属下的华美烟草股份有限公司的股票。1934 年英美烟公司改组为颐中烟草公司，沈为华籍董事。抗战胜利后沈昆三又以国民政府经济部特派员身份从重庆飞回上海接收颐中烟草公司，仍为公司高级职员。日本住友银行汉口分行买办周星棠曾任国民政府中央财政部顾问及中央银行、中国农民银行理事。

3 买办与民族资产阶级的关系

毛泽东曾说过：“帝国主义给中国造成了买办制度”，但同时又“造成了中国的民族工业，造成了中国的民族资产阶级”。有关民族资本包含的内容目前学术界的意见还不尽统一，但一般将它与官僚、买办资本区别开，两者相对而言。其实，在帝国主义侵略条件下产生的民族资本与买办资本又有割不断的联系，中国资本主义发生时期，大量地存在着买办商人的资本向民族资本的转化。也就是说买办的资本通过投资转化为民族资本，买办通过雇佣劳动、剥削工人转化为民族资本家。买办与民族资本家之间没有鸿沟，可以一身而两任。如朱志尧是民族资本家，但同时仍继续担任买办。买办本身就是中国资产阶级中的一个阶层。

买办创建的工业，多数会转为民族资本，成为民族资本的一个来源。有些民族资本因吸收了部分买办资本而创建发展。相反，不少大官僚、大地主和大商人虽拥有足以创办新式企业的货币财富，却由于诸多原因，不愿投资中国的新式企业，如胡光墉、李鸿章、盛宣怀等。

买办最先接触资本主义剥削方式，他们的资本紧跟外国资本家的资本运动，同样追逐着最大利润，学着其主人的样子，将资本投入生产领域，建立自己的企业。买办资本从流通领域转到生产领域，从附属于外国企业到自办企业，客观上是买办资本向民族资本转化。他们的企业与外商企业竞争，具有历史进步意义。

买办靠帮助外商推销洋货、收购土产、雇工、剥削农民和小生产者积累了原始资本，投资外商企业或官商合办的企业，有些还投资银钱业，以获取高额利润。他们中有些人不愿受官督商办的束缚，不甘外人掠夺、国家落后，后来创办近代工业，与列强抗衡，以实业救国，推动中国民族工商业的发展，完成了向民族资产阶级的转化。下面举一些买办资本转化为民族资本的实例。

1870 年前后，中国近代民族工业兴起，至 90 年代中期，民族资本近代企业约 120 多家，其中规模、影响较大者都由买办或主要由买办创办。如 1882 年徐润等人集资 1 万余元创办上海同文书局。1887 年买办严信厚在宁波设通久源轧花厂，创立资本 5 万元。百余家早期民族工业企业中，买办创立的企业在数量上占多数，在资本总额上也占优势。有些不是买办创立的企业也有买办投资参股。买办创立的中国近代早期民族资本主义工业企业奠定了中国近代民族工业的基础，推动了中国近代民族工业的发展。

上海的叶澄衷以协助外商交易的商业利润积累了巨额资本，先后开设顺记洋什货号等多家新式的民族商业，最后积累了800万元的巨资，并用其中的1/7投资民族火柴工业和缫丝工业，对钱庄、房地产、航运业亦多有投资。

怡和洋行买办祝大椿筹资创办源昌机器碾米厂，后辞去买办职务，先后创办缫丝、面粉、造纸、水电等8个民族企业，总投资达287.5万元。

19世纪末20世纪初平和洋行买办朱葆三广泛投资于民族工商业、航运业、金融业。

1902年，东方汇理银行买办朱志尧筹备创办求新制造机器轮船厂，为当时最大的华商机器厂。以后他还投资榨油、呢革、纺织、面粉、碾米等近代企业，投资额达250万两。

1908年四明银行成立，资本150万两，虞洽卿、朱葆三是主要发起人和投资者。

1915年原信义洋行、礼和洋行买办庄得之投资上海商业储蓄银行，是其大股东。以后西门子洋行买办管趾卿也有股本投入。这家银行后来成了中国最大的私营银行之一。

刘鸿生曾创办了火柴、水泥、煤球、毛纺、搪瓷、煤矿、码头、仓库等数十家民族工矿企业，20世纪30年代初投资额高达400余万元，1931年11月12日开业的中国企业银行，实收资本100万元，其中刘一人就投资了92.6万元。

1923年胡西园与德国人亚浦耳在上海合开亚浦耳小型灯泡厂，任经理（即买办）。1925年胡西园接盘该厂，将其改组为中国亚浦耳电器厂，使该厂转化为民族资本企业，他自己也成了民族资本家。

有些民族资本家虽非买办，但与买办也有历史渊源。如1902年在上海创办大隆机器厂的严裕棠，其父严介廷任上海英商自来水厂买办，其叔父严介坪任英商老公茂洋行买办。其本人曾任老公茂洋行的听差（杂役），后其父也给他介绍过跑街的工作，最终走上了创办民族工业企业的道路。

虽然买办投资民族企业有其客观的历史进步意义，但是我们也要看到买办投资民族企业某些方面的局限性。主要表现在某些买办投资的近代工业为外商对华经济掠夺而设，如买办开办的制茶、猪鬃、肠衣加工厂等。买办资本中投资工厂企业的资本比重较小，如颜料买办周宗良积资千万，主要投资地产和国外的化学工业，仅极少部分投资国内的工业。有些买办投资民族工业的目的是渗透、控制、吞并所投资的民族工业。如买办陈炳谦1919年投资南洋兄弟烟草公司，后见不能吞并就撤出了投资。买办投资民族工业主要通过股票方式食利，较少参与生产进程。

民族资本家也可能向买办方向发展。如陈廉伯当上广州汇丰银行买办，就与其祖父、继昌隆丝厂创办人陈启源的栽培、引荐和陈家所创的产业不无关系。陈廉伯当上买办后又利用买办和丝厂厂主的双重身份，通过投资、贷款、办慈善事业等发展了自己的事业，还当上了广州商团的团长。陈廉伯一直在南洋兄弟烟草公司有投资，还多次帮助南洋公司从汇丰银行按揭巨款解决资金周转的困难。1924 年陈廉伯武装叛乱失败后蛰居香港，南洋公司有意报恩，总经理简玉阶亲自登门拜访陈廉伯，请他出任公司监理，负责资金调拨筹措等事务，常驻香港总管理处，月薪 800 元，地位仅次于总经理和协理，陈廉伯当即欣然应聘。1931 年陈廉伯改任南洋公司的督理，又与简英甫等人合资创办大用橡皮公司。不久因贪污经手的公司给慈善机构的捐款一事被告到法院，他自知平时挪用公司资金甚多，脱离了南洋公司。

买办可脱离其主子，转入民族资本家行列，反对其原来的主子。如英美烟公司买办邬挺生因不满公司新大班对他的冷落态度，于 1919 年离开了英美烟公司。1919～1920 年他进华商南洋烟草公司当营业部经理，公开与英美烟公司对抗，后又组建中华烟公司。1928 年又发起组织华商烟厂联合会，团结其他华商烟厂同英美烟公司抗争。但 1933 年邬挺生与英美烟公司合办许昌烟叶公司，站在外资企业立场上，打击民族烟行和运输行，使大批中小商人和农民破产、工人失业，又沿着买办的道路走了下去。

九 买办的政治、社会、企业管理活动及文化思想观

1 买办的政治活动

买办为了更好地在经济领域里开展活动，也积极地参与了近代中国的重大政治活动。买办经常与洋人接触，熟悉中外习惯，信息灵通，中国政府与洋人打交道也常常求助于他们。公行时期，买办受政府委托，密切注意外商的行为和政治意图。鲍鹏1838年在广州接替其父鲍人琯任宝顺洋行买办，1840年曾犯贩卖鸦片罪潜逃，但在1840~1841年的中英谈判中，鲍鹏受到了钦差大臣琦善的信任。因通晓英文，鲍鹏此时往返于琦善和义律之间，有时参加两人的密谈，有时单独与义律密谈，在中英谈判中起关键作用，1841年还被授予八品官衔。1860年清政府与英法联军打仗，江苏巡抚薛焕和上海道台吴煦要求买办杨坊和徐钰亭协助谈判。1884年中法战争时，郑观应被彭玉麟将军派往香港购买武器，还被派往安南（今越南）和暹罗（今泰国）游说，说服当地政府在中法战争中不要帮助

法国人。1895 年中日甲午战争后外国人在通商口岸设厂，张子洞命上海知县征询郑观应、叶澄衷、朱葆三等人的意见。

清政府处理外交问题要求助于买办，在处理国内问题时也要求助于买办。19 世纪 60 年代为镇压太平军，上海组成了一支由美国人华尔指挥的“常胜军”，受江苏巡抚节制，40 年代任宝顺洋行上海买办的徐钰亭为这支雇佣军筹集资金。原怡和洋行买办杨坊为这支军队提供给养达三年之久。

外国人也看到买办的专长，试图得到他们的帮助。如鸦片战争中，英军占领浙江定海，雇当地人穆炳元当买办，随军北上，攻占上海。1906 年上海租界内的工部局为对付中国居民的压力成立“华商顾问委员会”征询意见，荷兰银行买办虞洽卿、平和洋行买办朱葆三和德商瑞记洋行总买办、中国丝业公所总董吴少卿入选，吴还担任了委员会的主席职务。

买办也参与了近代的爱国活动。如唐茂枝于 1881 年 4 月 6 日和上海虹口医院医师颜永京等人联名致函工部局总办，对“公家花园”（现上海黄浦公园）不准中国人入内表示强烈愤慨。1885 年工部局又公布园规，规定“除西人用仆外，华人不准入内”。11 月 25 日，唐茂枝、唐廷枢与另外 6 人又联名写信给工部局，指出，“工部局执行的是纯粹民族歧视的政策，又要考虑自己种族的私利……”提出“开放公园”的正当要求。1905 年的抵制美货运动，朱葆三作为运动发起者和上海商务总会的会董，积极参加了这一爱国运动。

买办还积极参与了近代中国的维新运动。1898年郑观应受康有为兄弟康广仁之邀，在上海经办《自强报》，直接参与戊戌维新运动。同年，曾任汇丰银行天津买办的吴懋鼎在北京被光绪委任为农工商总局三主事人之一，他首先向皇帝建议设立“商会”。戊戌维新失败后康有为经香港逃亡日本，在香港时受到当地著名买办何东的热烈欢迎。9月29日何东亲临码头迎接，后又让康有为在家中住了两个星期。维新运动被镇压后，一些维新志士于1900年在汉口领导起义，容闳的侄子容星桥在其中起了重要作用。容星桥后当了买办。

1905~1911年，买办王一亭、朱葆三、朱志尧等积极参与了上海的地方自治活动。如朱葆三入选上海城厢内外总工程局参事会，出任办事总董。朱志尧1905年当选为上海城厢内外总工程局议董，1910年当选为上海城厢自治公所名誉董事和南区区董。

有些买办不满足于维新纲领，甚至要改变现存的政治秩序。孙中山领导的资产阶级革命运动与买办也有联系。郑观应与孙中山有过交往，两人的个别言辞也很接近，如郑观应在《盛世危言》前言中说西方“人尽其才”、“地尽其利”、“物畅其流”，优于中国；孙中山《上李鸿章书》向往“人尽其才”、“地尽其利”、“物尽其用”、“货畅其流”。1894年孙中山在檀香山组织兴中会，首次会议在买办何宽家里举行，何并被选为兴中会副会长。1895年广州反清起义策动者杨衢云是新沙逊洋行的买办。广州起义失败后兴中会会长刘祥到香港当了美国轮船公司的买办。兴中会的杨心如后在台湾德商美最时洋行当买办，以逃避清政府对他的缉捕。

上海的一些著名买办参加了辛亥革命运动。如日商三井洋行、日清轮船公司买办王一亭 1910 年左右参加了同盟会，负责上海机关的财务，资助《民立报》，后曾任上海沪军都督府工商总长。朱葆三曾参加发起组织“商界共和团”，还帮助革命党在上海起事，成功地参与了对清军巡防营、吴淞炮台官兵的策反工作，在上海革命政府成立时起了显著作用。后一度任沪军都督府财政总长，为筹措军费作出过贡献。朱志尧向法租界公董局借枪，组织工人参与攻打制造局，为上海光复作了努力。虞洽卿曾发起组织中华商团，这支武装在光复上海时起过作用。上海光复后，虞任闸北民政总长，给革命政府以财政支持，曾捐资 8000 元，还劝朱葆三共同组织军饷征募队，用百万元收买江苏巡抚程德全，使其反正，后又与王一亭一起帮助革命军武力占领南京。

在以后的中国革命发展过程中，有些买办不利于社会发展的卖国言行也时有显露。如 20 世纪 20 年代虞洽卿主张上海百里内不驻中国兵，这显然是彻头彻尾的帝国主义侵略者的立场。1925 年 3 月他赴杭州与孙传芳磋商规划淞沪区域，为使这一地区成为帝国主义列强共管的特殊区域。五卅运动中虞洽卿以上海总商会会长的名义擅自提出保护帝国主义殖民统治基础的“十三项条件”，与人民提出的打倒帝国主义的“十七项条件”对抗，破坏“三罢”，还亲自上马路“劝谕”商人开市。1926年虞洽卿到南昌见浙江同乡蒋介石，安排浙江财团借贷6000万元，用以支持蒋介石发动政变。后又用三北公司的船只运送军队、军粮，动用物资“围剿”中国工农红军。

买办人物、集团是复杂的，这是由他们的阶级本性、地位决定的。同一个买办，在某些事件中可能表现为爱国的，在另一些事件中，特别是涉及帝国主义列强利益时则往往表现为卖国的。而有些买办则是彻头彻尾的卖国贼，他们心甘情愿地为帝国主义侵略效力。如道光皇帝决定向英军开战后，新任钦差大臣奕山决定切断香港英军的给养，但原英国商船买办卢亚景在香港继续将必需品供应给英军。鸦片战争中帮助英国侵略军的还有穆炳元。又如1924年广州的汇丰银行买办陈廉伯勾结英帝国主义，率广州商团反对孙中山在广州的部队，声名狼藉。抗日战争时期，还是这个陈廉伯在香港为日军奔走效劳，成为日占时期的“华民代表”四成员之一。此外，如傅筱庵甘愿出任上海大道市政府市长伪职，为日本帝国主义效力。买办袁履登出任日伪上海市商会主任委员，1941年任“米粮统制委员会”会长，为日伪筹措军粮，充当汉奸。

在近代中国抗击帝国主义列强的战争中，一些买办沦为汉奸，但也有一些买办保持了不同程度的民族气节和爱国之心。如王一亭曾资助讨袁，失败后不问政事，1937年“八一三”后他主动辞去日清轮船公司买办的职务，以表其心志。抗战初期，刘鸿生担任上海市抗日救国物资供应委员会总干事职务，每天到会，亲自负责物资募集和调度，为抗战作出了贡献。上海沦陷后，日军多次要刘鸿生出任上海市商会会长，以便利用他在上海工商界的影响，恢复发展上海的经济，以战养战，榨取中国人民的血汗。刘不愿出任伪职，毅然出走香港、内地，选择了与国家民族同患难、共命运的道路，也表明了其政治态度。虽然买办作为一个整体，为外国资本主义经济侵略服务，但具体到某一个买办，就不能简单一律地将其视为卖国者。

2 买办的社会生活和社会活动

买办凭借其特殊地位和经济实力，不仅活跃于近代中国的政治舞台，在社会生活方面也扮演了中西方交流的中介人角色。

买办与西方人长期交往，这影响了买办的社会生活，反映在衣着、住宅、语言、信仰、交往、教育等方面。同时，他们生长在中国社会，受中国传统文化的影响，从他们身上反映出中西文化的融合。他们在通商口岸中西文化融合方面起到了某些示范作用。

在衣着方面，许多买办喜欢着中式服装，如徐润、郑观应、王槐山、朱志尧、何东等人就喜欢穿蓝色或黑色的绸长袍，戴瓜皮帽等。1907 年英美烟公司买办邬挺生环球旅行，全程都着中式服装。一些买办也喜欢着西装，如祝大椿等人就如此。某些场合，买办们会觉得穿西装更好些，有些通商口岸的广东买办为外国老板做生意时着西装。整个近现代，中国人的服装是从中式渐渐走向西式的，这里面有审美情趣的变化，部分买办在其中也起了某些带头的作用。

买办一般住在租界内的洋房里，如20世纪初太古轮船公司买办陈可良就住在上海一所英式住宅中。一般买办住的洋房中配有西式家具，但布置有中国瓷器等摆设，有些还附有中式的庭院，反映了中西一体的生活方式。

有些买办从小接受正规的英语训练，能讲流利的外语，如唐廷枢讲起英语就像一个英国人那样。但一般买办通常讲那种混杂汉语及地方俗语、印度语、英语、葡萄牙语的“洋泾浜英语”。洋泾浜英语的语法基本上套用汉语语法，如将 a house（一幢房子）讲成 one piece house。Pidgin（洋泾浜）是 business（生意）的讹用，Pidgin English 本身就是洋泾浜英语，主要用于口语而不是书写。后有用汉语近音字为英文单词标音的潮流，使英语语音汉语化。如把洋泾浜英语称作“别琴语”，同治年间杨少坪作《别琴竹枝词》中有“生意原来有别琴”句。也有将 Comprador（买办）译为“糖摆渡”、“光白陀”者，以使音和意更为接近，此类译法是经常出现的。洋泾浜英语变化很快，新中国成立后随着买办的消失已无人使用了。

买办受中国传统思想、价值观和习惯的影响，遵循儒家的家族观念，按地区建会馆，讲求孝祖，庆祝孔子生日等，也信仰一些外来的宗教，如已中国化了的佛教和西方的基督教和天主教等。徐荣村（徐润的叔父）3年内花了10余万两银子看风水、迁祖坟，期望给家庭带来好运。19世纪买办在社会生活的某些方面率先西化或中西合璧，包括姓名、嗜好、社会组织等。现代中国人很少有取西方名字的习惯，然而怡和洋行1851年的上海买办“阿福”当时就取名“威廉”，怡和洋行1883～1900年的香港买办何东在19世纪80年代就取名“罗勃特·何东”。许多买办有西方人的嗜好，如抽香烟或烟斗。赛马比赛主要由通商口岸的洋人主办和参加，但许多买办也对赛马产生了兴趣。如1865年汉口的买办们将赠品送给当地的春季赛马会。1869年上海的买办赠给当地的跑马会一个“买办杯”。买办对西方方式的社会俱乐部有浓厚的兴趣，热衷于体育运动和体力锻炼。19世纪90年代，何东是第一个在香港组织华人俱乐部的中国人。20世纪初，郭赞成为中国体育学会的足球秘书。少数买办是佛教徒，如王一亭是书法家和著名国画家，虔诚信仰佛教，曾任中国佛教协会会长。也有的买办积极参加基督教青年会那样的西方社会宗教组织，甚至是个洋教徒。如1895～1939年任太古洋行买办的杨梅南是烟台基督教青年会的创始人和首任会长，热心基督教组织的活动，最终正式成为一名基督徒。汉口的刘子敬是基督教徒，与洋教徒多有交往。1927年任德商信谊化学制药厂华经理的何子康笃信基督教。1907年起任东方汇理银行上海买办的朱志尧是个天主教徒。先后任汉口立兴洋行买办、东方汇理银行买办的刘歆生也是个天主教徒。法国洋行的买办多信天主教，英美洋行的买办一般信奉基督教。

买办的有些思想和行动是背离中国传统，趋于西方化的，如19世纪殷实富户人家的闺女通常需缠足，而杨坊却不让女儿缠足，并在50年代末将女儿嫁给了常胜军首任司令、美国人华尔，而当时很少有人将女儿嫁与洋人。

在教育子女方面，买办通常鼓励一个儿子继承自己的职业，其余的儿子或进通商口岸的洋学堂读书，或到欧美的大学受教育，以便在“洋务”中有所作为。如徐润的儿子7岁就开始学习英语，1900年他把一个儿子送往美国的一所大学，第二年又把一个儿子送往牛津大学。刘鸿生将其14个孩子分别送往英、美、日等国留学，学习经济、法律、银行、工程、会计、工商管理、机械制造等专业。郑伯昭将其三个儿子送往英国剑桥大学读书。买办极少鼓励自己的儿子学习四书五经以通过科举做官，这与绅士和旧式商人教育子女的传统做法有明显的区别。买办还为促进通商口岸的教育、帮助中国学生到国外留学作出过贡献。

一些买办为使华人在通商口岸消息灵通，与英商在上海创办的《申报》（中文）竞争，开始对报纸、印刷业感兴趣。1874年唐景星、容闳在上海创办《汇报》，资本2万两。1885年汇丰银行香港买办罗鹤朋出资2.16万两白银在香港创办《粤报》。1906年买办席裕福以7.5万银元收买《申报》，自任经理。上海的英国领事馆买办陶梅生1907年以前创办过《日日报》。1882年徐润创办的同文书局是中国最早的平版印刷企业之一。

通商口岸的买办受构成现代商业基础的西方法律思想和诸如合同法、有限责任法等法律制度的影响，与雇主、合股人等订立书面合同，万一有矛盾或诉讼时就可作为依据。据中国通商口岸的习惯，买办对其雇员的行为负完全责任，即担保雇员的一切过失。但按西方法律，买办雇员过失的责任不应由买办来负，一人做事一人当。买办可提建议，但对雇员仅负有限责任。后有些中国买办学会了这种做法，不再为雇员担保了。

买办像晚清其他富商一样，可以花钱捐科举的功名或官衔获得绅士身份，挤入上流社会。许多买办捐有道台衔，著名的买办一般都有头衔。如杨坊、徐钰亭、徐润、唐廷枢、郑观应等人都有道台衔。1872 年徐润还捐了比道台更高等级的兵部郎中衔。汇丰银行买办席正甫受二品衔红顶花翎加捐道台。平和洋行买办朱葆三捐三品衔候选道员。天津怡和洋行买办梁炎卿清末曾捐头品职衔。天津华俄道胜银行买办王铭槐曾捐候补道又加捐二品职衔。

买办捐衔一方面是清政府控制买办的一种手段，又可改善政府捉襟见肘的财政状况。另一方面买办由此可获得较高的社会地位。买办转入仕途、担任官吏者并不多见，但他们非常重视、珍爱捐纳虚衔带来的名誉地位。如 1858 年第二次鸦片战争期间，清朝官员命令所有买办弃职回家，否则取消买办及其后辈捐得的官衔。郑观应有一次拒绝还债，债权人告至官府，官府在一份奏折中建议革去郑的候补道衔，郑得知后立即还债，保住了自己的官衔。因社会地位的高低与买办的经济事业有直接的关系，有了官衔，买办与商人做生意就较为有利，能利用官府势力为洋行及自己的商业扩大推销，还能代表洋行平等地、甚至居高临下地同官府打交道，方便结交上层官僚。

虽然捐来的官衔不如通过科举考试获得的头衔那样受人尊敬，但买办通常仍能尽责地完成许多绅士的职责，如筹集交通路桥运河等公共工程建设和管理的经费、为编辑出版地方史志出资等。买办像绅士一样，对促进教育、公共卫生、福利事业感兴趣，创办和资助地方学校和书院。如19世纪70年代唐廷枢积极倡导在上海建立英华书馆。90年代叶澄衷花20余万两银子在上海创办了一所以自己名字命名的学堂，内设小学和初中。汉口东方汇理银行买办刘子敬1913年创办辅德中学，学科着重英文，次年又开办了惠民高等小学。何东曾赠给香港大学百万港元办学。

遇灾害，买办同绅士一起主持赈济工作。为此，清政府赏予徐润“乐善好施”的牌坊。有一年为赈济一些地方的水灾和饥荒，太古洋行买办郑观应捐了千两银子，还与朋友募集了244596两银子。郑的举动引起了李鸿章的注意，后来李鸿章就委派他管理几个官督商办的企业。天津华俄道胜银行买办王铭槐乐于助同乡办慈善，他办粥厂、善堂，舍衣、施药、施茶、赈灾，在天津广仁堂浙籍捐资人中名列第一。丁玉树原在马尼拉学牙医，1921年回国后任厦门及上海和记洋行华经理达20年之久，1931年他创办了厦门麻风医院，1932 年又创办了厦门中山医院。上海买办朱葆三曾帮助组织中国红十字会，并出任稽核财政出纳等职。刘子敬曾是汉口红十字会会长。刘鸿生曾任中国红十字会副会长，抗战初期任上海市伤兵救济委员会会长，为设伤兵医院、救治伤兵出力。抗战时虞洽卿曾任上海难民救济会会长。

19 世纪 60 年代的上海，徐润是广肇公所的领袖人物，又是一家医院和一所学校的董事。在家乡香山，他花了 28000 余两银子资助地方公益和编撰《香山徐氏宗谱》，还参加了达官刘铭传等人组成的结拜团体。天津买办王铭槐为天津的浙江会馆、浙江义园创建捐过巨款。杨坊、叶澄衷、虞洽卿是上海四明公所的领袖。曾任麦加利、华俄道胜银行买办的席锡藩 1912 年赞助洞庭东山旅沪同乡会，1918 年为建洞庭东山会馆捐巨款，次年建上海惠旅医院，为东山同乡提供医疗方便，还在家乡投资过公益事业。有些买办在家乡的现代化建设方面相当慷慨，如虞洽卿在家乡宁波镇海建现代化的学校、公园、码头、公路、铁路、电报线路用去了约百万两银子。

买办还帮助清政府组织地方武装。如 19 世纪 50 年代为镇压太平军，徐钰亭帮助上海道吴煦组织了"洋枪队"。1905 年虞洽卿、胡寄梅等筹资 30 余万两银子，组织成立了"华商体操会"，约有 500 个商人参加。1907 年该会加入 1853 年由洋人组成的万国商团，成了商团内的"中华队"。

买办对现代商业的发展感兴趣，在通商口岸的商界中发挥了显著作用。唐廷枢、徐润曾是丝业公所和茶业公所的领袖。买办在新的社会组织“商会”中也是头面人物。如1900年冯华川、何东、何福等著名买办促成了香港总商会的成立，冯并任首任会长。1904年上海商务总会成立，徐润和朱葆三任副会长，祝大椿和虞洽卿也任重要职务。20世纪初刘歆生曾任汉口总商会的副会长。1920～1922年陈廉伯出任广州总商会会长。

3 买办参与的企业管理活动

买办与洋商交往密切，逐步了解先进的资本主义生产方式，投资近代工业，与洋务派官僚的接近，使他们的企业管理才能得到了充分的施展。

中国早期的工业化是由买办、洋务派官僚和传统的绅商参与发动起来的。与其他社会阶层相比，买办在企业规划、预算编制、成本结构、产品定价、预计盈亏诸方面由于接触较早较多，较有经验。倡导中国工业化的洋务派官僚懂得儒学经典，但不善工商管理。如张之洞创办工业企业，计划步骤不经悉心筹划。1888年张在广州想建一家纱厂，从伦敦订购机器，后他调任武昌，资金、厂房遇到困难，进口的机器只能存放别处，达4年之久。后机器运到武昌，准备开工，又发现辅助设备不足，缺少技师管理操纵这些机器。张不懂用生产要素的有机结合来达到投资获利的目的。

约1872年8月，李鸿章为运漕粮，决定设轮船企业与外商竞争，以浙江海运局总办、沙船主朱其昂为其主要顾问。但朱是旧式商人，不熟悉轮船、仓栈情况，屡次上当受骗。1873 年因丝商、钱庄主胡光墉，茶商李振玉不愿投资，朱招商失败。

1873 年 5 月李鸿章任命上海怡和洋行买办唐廷枢为“商总”、“总办”，取代朱其昂管理轮船招商局。7 月，唐辞去买办职位赴任。唐廷枢是个实干的成功买办，有航运管理经验和技术知识，拥有轮船，是数家外资轮船公司的董事，在怡和 10 年买办生涯中任数家轮船公司的代理人，处理管理事务。唐在轮船招商局亦管理有方，如“南浔号”船，原来每月支出约 7000 两，但他管理时每月仅支出 4500 两。唐凭借华商行会特别是广肇公所的支持，建立了从通商口岸华商处揽载的有效系统。他还得到外国船长和工程师在航行业务和轮船维修事务方面的支持。唐还注意培养中国技术人员，以达到由中国人驾驶轮船的目的。1873 年 8 月唐拒购小吨位的“拉泰克”号英轮，改购大吨位的“和众号”英轮，更适用于中国沿海贸易。唐提名招商局分局的 6 个商董，其中上海的徐润、汉口的刘绍宗、香港的陈树棠都是精明的买办。

由于唐的优良管理，轮船招商局最初 10 年发展迅速，1878 ~1879 年利润达 869210 两，1883 年招商局资本达到 200 万两。1883 ~1884 年的中法战争阻遏了轮船招商局的发展，1884 年唐离开了招商局。

1876 年唐廷枢曾受李鸿章指派，陪同英国采矿工程师去直隶开平矿场勘察，并任翻译，建议变效益不佳的传统采煤法为现代生产运输法。

唐以后任中国首家官督商办的大型煤矿——开平矿务局的主管人，在徐润、郑观应等人帮助下向英国购置大部分机器设备。钻井机根据煤层及地下水深度购买，还有排水泵，电动排除煤气的鼓风机，采掘既深，又安全有效，改变了原矿坑有水就放弃、坑内煤气易燃、开掘危险低效的局面。

唐经营开平煤矿，产量迅速增长。开平将洋煤逐出天津市场，还扩展到其他通商口岸，北洋舰队和地方工业均用此煤。开平逐渐成为近代的企业集团，矿务局在唐山生产焦炭、砖瓦、水泥，参与热河附近的金银矿开采。1883 年成功地修筑了中国首条铁路——唐山到胥各庄的运煤铁路，然后经水路运煤至天津。1884 年矿务局设医院，有 40 张床位。1889 年有了自己的煤炭航运企业。

唐有现代进步思想，确信中国可从西方技术中获益而渴求先进手段，直至 1892 年在矿务局任上去世。关于唐廷枢的企业管理才干，李鸿章在引荐他办洋务企业时曾说他“精习船务生意”、“于开采机宜胸有成竹”，其中很可能有溢美过奖成分，但并非无中生有。后来唐廷枢在招商局和开平煤矿的业绩证明了这一点。

郑观应是中国首家纺织企业的创办者和管理者，负责组建上海机器织布局，筹集了 352800 两资本，建厂房购机器订原棉。郑通过在美国任中国留学生学监的同乡、19 世纪 50 年代曾为宝顺洋行采购茶叶的商人容闳，聘请美国技术专家负责建厂购机，雇洋人安装设备，教华工操纵机器，派人去美国学习棉花种植加工技术。

1894 年李鸿章任命天津的汇丰银行买办吴懋鼎任关内外铁路局督办，3 年内吴在局内铲除了贪污积弊。

刘鸿生的企业管理能力我们可以从他投资创办企业、管理招商局的过程中看出。1920 年刘与人合资创办火柴公司，因质量差无法与同行竞争，于是高薪聘请留美化学博士林天骥担任工程师，研究配方，改进技术，提高质量，参与同业竞争。1930 年与荧昌、中华工字火柴厂合并组成大中华火柴股份有限公司，与瑞典、日本等外国火柴企业竞争。刘鸿生出任总经理，在公司的生产、销售和财务方面建立了一套集中管理制度，成立技术科，添置新式仪器，聘留美会计专家林兆棠主持成本会计工作，建立成本会计制度。刘认为通过成本核算就可知厂里的薄弱环节和成本过高的部门，才可想办法改进和节约支出。刘还主张尽量采用新式机器，采用动力设备，减少手工劳动以提高生产力。刘还注重产品销售，扩大生产规模，使大中华成为全国最大的火柴公司，使自己成为“火柴大王”。

在投资上海水泥公司前，刘鸿生仔细了解产品的市场、成本原料、生产技术过程，以便建厂后能有效地指导生产。建厂初期他高薪聘用外籍技术人员，以后改聘本国技师，不断提高质量，降低成本，扩大销售，使公司年年盈利。

刘鸿生创办章华毛纺织厂，加强管理层建设和企业的经营，以成本会计监督生产，不断降低成本。他还加强技术力量，亲自研究生产技术，采用新式机器设备，提高产品质量。价廉物美使章华厂的产品增加了市场竞争能力，扩大了销量。

1932 年 11 月至 1936 年，刘鸿生出任招商局总经理职务，对局务进行了一系列整顿改革。原先局内经营落后，管理腐败，滥用亲友，派系内讧，纪律松弛，营私舞弊，账目混乱，加之外轮排挤，连年亏本，难以为继。刘上任后兴利除弊，加强领导，唯才是举。废除了积弊漏洞甚多的轮船买办制，建立船长制，航运业务统归业务科承办，船上人员由招商局雇用，仅此一举，每年就为招商局增加了上百万元的收入。刘鸿生还整顿码头仓库，严格财会制度，扩大经营范围，购新船辟航线，恢复水陆联运，通过这些办法，使数十年亏损的招商局扭亏转盈。

一些买办认为中国能从西方新技术中受益，他们经营的近代企业通常都装备西方新机器，如唐廷枢、郑观应经营的企业，祝大椿的华新面粉厂、公益纱厂，刘歆生的榨油厂、刘鸿生的章华毛纺厂等都装备了新式机器。

买办具备经营近代企业的知识，成为洋务派官僚发起的近代企业的首批经营者。除了轮船、铁路、采矿、纺织业，买办还经营着其他一些洋务企业。如 1883～1905 年任天津汇丰银行买办的吴懋鼎就曾受李鸿章之命在天津附近办过熟皮厂等。

一些买办不仅是近代工业的成功管理者，同时也是成功的企业家。他们以营利为目的从事货物的生产和销售，在创办、维持、扩大营利性营业单位的活动中起决策者的作用，为创办和扩张企业，主动将生产诸要素聚合起来发挥作用，推动工业近代化，并富有冒险和创新的精神。而传统的商人往往缺乏这种精神。

一些买办作为企业家，筹集了大笔资本投入近代大型企业，使这些企业得以正常运转。如1872年和1879年，徐润和郑观应用合股制的办法分别为轮船招商局和上海机器织布局搞到了资金。

一些买办善于接纳新思想。买办在通商口岸，很快就认识到近代保险业的便利和价值。19世纪60年代就有买办为航运的大批货物保水险。1870年前后，唐廷枢和徐润合开了仁和水险行和济和火险行。相反的情况是，1883年郑观应离开上海机器织布局，新总办杨宗濂认为保险虚靡资金，停付保险费。1890年该局开工，获利颇丰，但因原料、产品都是易燃品，又不注意消防，1893年10月该局及企业被大火全部烧毁，损失超过70万两。可见近代保险业的重要性。

一些买办在企业中受工作、原料、劳动力等条件限制，有些做法不能照搬外国的做法，于是他们就创新法，如内地易货采购制度将采购资金用销货款替代、利用银钱业拆票的方法等就是买办的创新。一些买办从社会底层白手起家，更具创新求变精神，对传统行业进行改革、转变，尝试创办新兴行业。如叶澄衷积极参与中国首家新式银行——中国通商银行的筹备，后在此行占有很多商股。

唐廷枢开办开平煤矿的重要原因是为轮船招商局自南方运漕粮至天津的船只提供回程货，减少空驶。同时在上海和南方开辟煤炭市场，为船只提供本国廉价的燃料，这对开平煤矿和招商局的股东都有好处。

买办企业家的作用受买办经历、通商口岸经济状况及各项制度的制约。一些买办精明、讲效率，但不一定诚实。如郑观应有将机器织布局款投资企业，贪污利息之嫌。徐润 1883 年至 1884 年挪用轮船招商局 155300 两款项用于解救本人投机活动的头寸危机，导致被免去招商局会办之职。唐廷枢因在招商局的账面上有巨额亏空后被解职。虽然他们的贬谪与衙门及私人钩心斗角有关，但舞弊也是重要的原因。

企业需要有长期的投资，19 世纪的买办虽然承担投资风险，但过于关注短期收益。杨坊、徐润、陈竹坪等买办经常从事投机活动。1862 年徐润为此损失过 30 余万两，投机最终导致徐润等人的破产。投机行为与新兴工业争夺资本，也不利于新兴工业的成长。

唐廷枢、徐润、郑观应都视官督商办企业中的职位是临时性的，因此缺乏长期发展规划。他们善于使用外国技术人员，但较少重视华人的继任问题。唐廷枢、徐润在外国轮船公司有投资，于是主持招商局与太古洋行的太古轮船公司和怡和洋行的华海轮船公司达成齐价合约，避免竞争。

尽管买办在经营近代企业的过程中存在着一些不足之处，但仍是较好的近代工业的管理者和企业家，在中国近代经济发展中发挥了重要的作用。

4 买办的文化思想观

早期买办对促进中西文化交流、推动中国近代思想文化发展起了一定的作用。他们在近代最早与西方交往，最先接触西方文化，最先感受到西方近代资产阶级思想，特别是对资产阶级民主制度有所认识，学习借鉴先进的西方文化和科学技术，参与中西文化交流。他们引进西方技术，吸收西方近代自然科学知识和近代资产阶级思想，客观上有进步作用。

郑观应是一位极富新思想的买办，他曾系统地提出了一套社会改革方案。郑少时悉心研究传教士李提摩太等人的著作。1862 年在宝顺洋行买办间工作两年后，20 岁的郑观应出版了《救时揭要》，1871 年修订扩充为《易言》刊行。1875 年和 1881 年又修订再版，1873 年发表改写本《盛世危言》，呈递给光绪皇帝后由总理衙门印发给官员，此书在出版后的 10 年内广为传播。1905 年出版《盛世危言续篇》，与《盛世危言》一样论述全面改革的建议。1920 年出版《盛世危言后篇》，描述他参与的企业活动。

《易言》、《盛世危言》充满人道主义感情，生动描绘社会弊病，指出缠足、文盲、不人道的滥施刑罚和监禁条件、农村的凄惨景象，提出了济贫、工业化、改良农业和法律的改革方案。

他在《易言》中论述当时中国经历的重大转变。他把中国史分为三个时期。远古至周末（公元前 3 世纪）是封建时期，秦至1842年的条约制度是中央集权（郡县制）时期，条约以来为华夷联属时期。郑指出条约制度是前所未有的大变局，是西方人向中国文明挑战，与传统夷狄不一样。

郑观应认为西方的冲击在范围、强度上是前所未有的，但这种冲击合乎自然，不可避免。郑认为西方的轮船、枪炮、电线、火车、耕织、开矿、机械对中国有益，而奇巧如钟表、音盒、玩好等对中国有损，当今华人爱有损之物，恶有益之物，所以振作难期，漏卮莫塞，识者伤之。他认为重要的是提出改革的方案。

郑观应主张改革制度，首先要实行议会制度，重视工商业。郑并非民主主义者，但对政治改革的理解在当时已颇为深刻。他认为中国要放弃“天下”的儒学观念，成为国际大家庭的一员，才能用国际法防御西方。他反对清流党鼓吹的好战的对外政策，主张自强、谨慎对外，用促进工商的方法与洋货竞争，使外商无利可图而回国，甚至中国向外国挑战而外国回避，自强就不会遭外侮，如日本那样。

郑认识到工商业在西方社会中的原动作用。上层官僚只注重军事自强，郑认为工商业同样重要，财富和力量相互依赖，他特别强调“国富”。

郑认为致富要罗致人才，改革科举考试制度，建立技术和职业学校；为利用资源，要强调开矿和农业近代化；为促进商业，政府要废除厘金；要增加出口减少进口，政府在经济方面可有作为。

郑认为西方强盛源于财富，财富源于工商。中国进行“商战”比“兵战”更重要。当时是竞争的世界，郑是首先提出商业民族主义的改革家之一。其重工商的改革方案与冯桂芬、郭嵩焘、王韬等非买办改革思想不同，郑对西方作出这种反应的意义在于他对世界历史、西方社会所作的经济解释。

郑对一些传统价值观念提出异议。如商贾原列社会底层，郑认为新式商人（企业家）的职能和影响范围比原来的商贾更重要，应当与绅士相同，有机会担任官职。他抨击官僚制度，尤其是抑制商人企业家精神的官督商办制度，认为商人追求利润是正当的和合乎需要的。郑是近代中国商人中第一个使本阶级思想观念合理化的人。

郑强调民族主义，把中国看作国际大家庭的一员，认为中国贫弱西方富强的原因在社会习惯（礼教）不同，中国是“家族主义”，西方是“国家主义”。

买办见中国技术、政治制度落后，开始传播西方文明制度。郑观应《盛世危言》中提出学习西方不能“遗其体而求其用”，“体”指论政于议院、“君民一体”的西方君主立宪政体，“用”指技术。买办主持的江南制造总局编译馆也翻译、印刷了不少有关西方资产阶级思想的书籍。

郑观应作为买办与洋人交往后提出的改革方案代表了通商口岸新商人的观点，其文化思想观念受其买办生涯的影响。如对西方冲击的解释、对议会制的建议、建议强硬的国家主义和谨慎的外交政策相结合、强调工商和新商人的地位、向中国家族主义和官吏职责万能的传统价值观挑战等。

东方汇理银行买办朱志尧出生于沙船世家，从小对木工造船、铁工机械感兴趣。后在徐汇公学学习，掌握了声、光、化、电等一些近代科技知识。1886～1887年随舅舅马相伯游历美、法等国，目睹西方机器大工业生产情况。后来他曾感慨地说过："考察邦国强弱贫富之原因，凡机器愈多，制造愈新者，其国经济必充，商业必盛，而国力亦必因此日增。若英、法、德、美等国，皆赖机器以致富强。近如亚东之日本，自明治维新后，讲求机器不遗余力。故于商战剧烈之场亦得占一席。机器者，真为国家命脉也。"意识到中国要复兴，必弃旧业而兴新业，以新式机器振兴工商国力。以后他在轮船招商局担任"坐舱"（轮船买办）10年，后又任法国东方汇理银行买办。

1898年3月13日，朱志尧创办报道、介绍西方科学技术最新成就，介绍传播数理化知识的自然科学杂志《格致新报》，加入了资产阶级维新宣传的行列。朱志尧亲任该报主编，在首期发表了《格致新报缘起》，论述"格致"的重要性和办报的意义，颇能反映他的科技兴国、实业救国思想。

第一，他对比中西，指出西方之学分科详细，诸如兵法、商政、造船、制器以及农渔、纺织、牧矿等，无一不学，无一不精。中国知识分子的聪明才力未必逊于欧美，但鸦片战争以来，中国积弱积贫，国人"所教非所求，所求非所用，所用非所习"，原因在于"务末而舍本"。那么什么是"本"呢？他接着指明，本即在“格致”，指出普及格致，推广近代科学技术知识是当务之急。第二，朱志尧分析中国历史，认为秦汉魏晋以来，风俗颓败，佛老异说横塞中原，崇尚空谈清议，绝圣弃智，务虚不务实，“于大道无所闻，于国家亦无所补”；认为甲午战争以来，天下志士咸思变计，学会报馆林立通衢，“盖已知旧习之不足振兴，而格致实该治国平天下之根柢也”。但中国地广民众，学堂不多，不能很快使格致“家喻户晓”，而办报是个好办法。第三，分析英、法、美等国人才蔚起的原因是报纸盛行，中国应向西方学习。报纸值轻，便于购阅求知格致，创办《格致新报》就是为了研究学习，大兴人才。第四，朱志尧认为“格致”的含义很广，浅之在日用饮食之间，深之实富国强兵之本。包括性理、治术、象数、形性（物性、物理、化学、医学等）、纪事（史传地志、户口风俗等）五个方面，既包括自然科学知识，也包括社会科学知识（后《格致新报》也常发表救亡时务文章），认为在社会上倡导格物致知，势在必行。第五，朱志尧认为中国科技落后，传播科技知识要从实际出发，循序渐进才能达到效果。

南京国民政府建立后，朱志尧撰写了《拟开采铁矿以兴实业说略》，专门论述开采铁矿对于振兴实业、解决民生问题的重要性。他认为矿产是中国工业兴旺发达的基础，“振兴实业，实为方今中国解决民生之唯一急务，然振兴实业之程序，一为交通，二为矿产，三为工业。良以交通便利则矿产之运输迅捷，矿产多则机器之原料足供，而工业繁盛之基础由焉以立”。他还认为开矿设厂能解决重大的社会问题。他说，“一矿之兴，一厂之设，每养活数万数十万工人，此乃取天然之利，生生不已，利赖无穷”。如坚持这样做，则工人失业问题、散兵盗匪为害皆可消弭，民生的解决就不会远了。

五四运动以后，中国的无产阶级走上了政治舞台，马列主义在中国广泛传播，作为资产阶级组成部分——买办的思想与无产阶级革命的文化思想观日益显得格格不入，而终被风起云涌的无产阶级革命运动所淹没，完成了其历史使命。即使朱志尧等人的维新格致、实业兴国思想，虽有历史的进步意义，富有爱国主义精神，但在中国人民革命的任务没有完成之前也是不可能实现的，朱志尧自办的实业后来也屡遭失败，历史的进程后来也证明了这一点。

参考书目

1. 聂宝璋：《中国买办资产阶级的发生》，中国社会科学出版社，1979。
2. 黄逸峰：《旧中国的买办阶级》，上海人民出版社，1982。
3. 郝延平：《十九世纪的中国买办：东西间桥梁》，上海社会科学院出版社，1988。
4. 汪敬虞：《唐廷枢研究》，中国社会科学出版社，1983。
5. 许涤新、吴承明主编《中国资本主义发展史》第2卷，人民出版社，1990。
6. 郝延平：《中国近代商业革命》，上海人民出版社，1991。
7. 《旧上海的外商与买办》，《上海文史资料选辑》第56辑，上海人民出版社，1987。
8. 汪熙：《关于买办和买办制度》，《近代史研究》1980年第2期。
9. 《中国社会科学院经济研究所集刊》(5)，中国社会科学出版社，1983。

10.《中国社会科学院经济研究所集刊》(7)，中国社会科学出版社，1984。

《中国史话》总目录

系列名	序号	书名	作者
物质文明系列（10种）	1	农业科技史话	李根蟠
	2	水利史话	郭松义
	3	蚕桑丝绸史话	刘克祥
	4	棉麻纺织史话	刘克祥
	5	火器史话	王育成
	6	造纸史话	张大伟　曹江红
	7	印刷史话	罗仲辉
	8	矿冶史话	唐际根
	9	医学史话	朱建平　黄　健
	10	计量史话	关增建
物化历史系列（28种）	11	长江史话	卫家雄　华林甫
	12	黄河史话	辛德勇
	13	运河史话	付崇兰
	14	长城史话	叶小燕
	15	城市史话	付崇兰
	16	七大古都史话	李遇春　陈良伟
	17	民居建筑史话	白云翔
	18	宫殿建筑史话	杨鸿勋
	19	故宫史话	姜舜源
	20	园林史话	杨鸿勋
	21	圆明园史话	吴伯娅
	22	石窟寺史话	常　青
	23	古塔史话	刘祚臣
	24	寺观史话	陈可畏

系列名	序号	书名	作者
物化历史系列（28种）	25	陵寝史话	刘庆柱　李毓芳
	26	敦煌史话	杨宝玉
	27	孔庙史话	曲英杰
	28	甲骨文史话	张利军
	29	金文史话	杜　勇　周宝宏
	30	石器史话	李宗山
	31	石刻史话	赵　超
	32	古玉史话	卢兆荫
	33	青铜器史话	曹淑芹　殷玮璋
	34	简牍史话	王子今　赵宠亮
	35	陶瓷史话	谢端琚　马文宽
	36	玻璃器史话	安家瑶
	37	家具史话	李宗山
	38	文房四宝史话	李雪梅　安久亮
制度、名物与史事沿革系列（20种）	39	中国早期国家史话	王　和
	40	中华民族史话	陈琳国　陈　群
	41	官制史话	谢保成
	42	宰相史话	刘晖春
	43	监察史话	王　正
	44	科举史话	李尚英
	45	状元史话	宋元强
	46	学校史话	樊克政
	47	书院史话	樊克政
	48	赋役制度史话	徐东升

系列名	序 号	书 名	作 者
制度、名物与史事沿革系列（20种）	49	军制史话	刘昭祥　王晓卫
	50	兵器史话	杨　毅　杨　泓
	51	名战史话	黄朴民
	52	屯田史话	张印栋
	53	商业史话	吴　慧
	54	货币史话	刘精诚　李祖德
	55	宫廷政治史话	任士英
	56	变法史话	王子今
	57	和亲史话	宋　超
	58	海疆开发史话	安　京
交通与交流系列（13种）	59	丝绸之路史话	孟凡人
	60	海上丝路史话	杜　瑜
	61	漕运史话	江太新　苏金玉
	62	驿道史话	王子今
	63	旅行史话	黄石林
	64	航海史话	王　杰　李宝民　王　莉
	65	交通工具史话	郑若葵
	66	中西交流史话	张国刚
	67	满汉文化交流史话	定宜庄
	68	汉藏文化交流史话	刘　忠
	69	蒙藏文化交流史话	丁守璞　杨恩洪
	70	中日文化交流史话	冯佐哲
	71	中国阿拉伯文化交流史话	宋　岘

系列名	序号	书名	作者
思想学术系列（21种）	72	文明起源史话	杜金鹏　焦天龙
	73	汉字史话	郭小武
	74	天文学史话	冯　时
	75	地理学史话	杜　瑜
	76	儒家史话	孙开泰
	77	法家史话	孙开泰
	78	兵家史话	王晓卫
	79	玄学史话	张齐明
	80	道教史话	王　卡
	81	佛教史话	魏道儒
	82	中国基督教史话	王美秀
	83	民间信仰史话	侯　杰
	84	训诂学史话	周信炎
	85	帛书史话	陈松长
	86	四书五经史话	黄鸿春
	87	史学史话	谢保成
	88	哲学史话	谷　方
	89	方志史话	卫家雄
	90	考古学史话	朱乃诚
	91	物理学史话	王　冰
	92	地图史话	朱玲玲

系列名	序 号	书 名	作 者
文学艺术系列（8种）	93	书法史话	朱守道
	94	绘画史话	李福顺
	95	诗歌史话	陶文鹏
	96	散文史话	郑永晓
	97	音韵史话	张惠英
	98	戏曲史话	王卫民
	99	小说史话	周中明　吴家荣
	100	杂技史话	崔乐泉
社会风俗系列（13种）	101	宗族史话	冯尔康　阎爱民
	102	家庭史话	张国刚
	103	婚姻史话	张　涛　项永琴
	104	礼俗史话	王贵民
	105	节俗史话	韩养民　郭兴文
	106	饮食史话	王仁湘
	107	饮茶史话	王仁湘　杨焕新
	108	饮酒史话	袁立泽
	109	服饰史话	赵连赏
	110	体育史话	崔乐泉
	111	养生史话	罗时铭
	112	收藏史话	李雪梅
	113	丧葬史话	张捷夫

系列名	序号	书名	作者
近代政治史系列（28种）	114	鸦片战争史话	朱谐汉
	115	太平天国史话	张远鹏
	116	洋务运动史话	丁贤俊
	117	甲午战争史话	寇　伟
	118	戊戌维新运动史话	刘悦斌
	119	义和团史话	卞修跃
	120	辛亥革命史话	张海鹏　邓红洲
	121	五四运动史话	常丕军
	122	北洋政府史话	潘　荣　魏又行
	123	国民政府史话	郑则民
	124	十年内战史话	贾　维
	125	中华苏维埃史话	杨丽琼　刘　强
	126	西安事变史话	李义彬
	127	抗日战争史话	荣维木
	128	陕甘宁边区政府史话	刘东社　刘全娥
	129	解放战争史话	朱宗震　汪朝光
	130	革命根据地史话	马洪武　王明生
	131	中国人民解放军史话	荣维木
	132	宪政史话	徐辉琪　付建成
	133	工人运动史话	唐玉良　高爱娣
	134	农民运动史话	方之光　龚　云
	135	青年运动史话	郭贵儒
	136	妇女运动史话	刘　红　刘光永
	137	土地改革史话	董志凯　陈廷煊
	138	买办史话	潘君祥　顾柏荣
	139	四大家族史话	江绍贞
	140	汪伪政权史话	闻少华
	141	伪满洲国史话	齐福霖

系列名	序号	书名	作者
近代经济生活系列（17种）	142	人口史话	姜　涛
	143	禁烟史话	王宏斌
	144	海关史话	陈霞飞　蔡渭洲
	145	铁路史话	龚　云
	146	矿业史话	纪　辛
	147	航运史话	张后铨
	148	邮政史话	修晓波
	149	金融史话	陈争平
	150	通货膨胀史话	郑起东
	151	外债史话	陈争平
	152	商会史话	虞和平
	153	农业改进史话	章　楷
	154	民族工业发展史话	徐建生
	155	灾荒史话	刘仰东　夏明方
	156	流民史话	池子华
	157	秘密社会史话	刘才赋
	158	旗人史话	刘小萌
近代中外关系系列（13种）	159	西洋器物传入中国史话	隋元芬
	160	中外不平等条约史话	李育民
	161	开埠史话	杜　语
	162	教案史话	夏春涛
	163	中英关系史话	孙　庆

系列名	序 号	书 名	作 者
近代中外关系系列（13种）	164	中法关系史话	葛夫平
	165	中德关系史话	杜继东
	166	中日关系史话	王建朗
	167	中美关系史话	陶文钊
	168	中俄关系史话	薛衔天
	169	中苏关系史话	黄纪莲
	170	华侨史话	陈 民 任贵祥
	171	华工史话	董从林
近代精神文化系列（18种）	172	政治思想史话	朱志敏
	173	伦理道德史话	马 勇
	174	启蒙思潮史话	彭平一
	175	三民主义史话	贺 渊
	176	社会主义思潮史话	张 武 张艳国 喻承久
	177	无政府主义思潮史话	汤庭芬
	178	教育史话	朱从兵
	179	大学史话	金以林
	180	留学史话	刘志强 张学继
	181	法制史话	李 力
	182	报刊史话	李仲明
	183	出版史话	刘俐娜
	184	科学技术史话	姜 超

系列名	序号	书名	作者
近代精神文化系列（18种）	185	翻译史话	王晓丹
	186	美术史话	龚产兴
	187	音乐史话	梁茂春
	188	电影史话	孙立峰
	189	话剧史话	梁淑安
近代区域文化系列（11种）	190	北京史话	果鸿孝
	191	上海史话	马学强　宋钻友
	192	天津史话	罗澍伟
	193	广州史话	张　苹　张　磊
	194	武汉史话	皮明庥　郑自来
	195	重庆史话	隗瀛涛　沈松平
	196	新疆史话	王建民
	197	西藏史话	徐志民
	198	香港史话	刘蜀永
	199	澳门史话	邓开颂　陆晓敏　杨仁飞
	200	台湾史话	程朝云

《中国史话》主要编辑
出版发行人

总 策 划	谢寿光　王　正
执行策划	杨　群　徐思彦　宋月华　梁艳玲　刘晖春　张国春
统　　筹	黄　丹　宋淑洁
设计总监	孙元明
市场推广	蔡继辉　刘德顺　李丽丽
责任印制	岳　阳